碳达峰碳中和

理论与交通实践

交通运输部科学研究院　编著

人民交通出版社股份有限公司

北　京

内 容 提 要

本书系统阐述了"双碳"目标下,交通运输绿色低碳发展的理论政策、基础知识、实现路径、典型案例等内容,为推动交通运输高质量发展和绿色低碳转型提供了理论指导和实践指南。

本书可供广大交通运输部门和企事业单位的管理者、研究人员和从业人员等学习和参考。

图书在版编目(CIP)数据

碳达峰碳中和理论与交通实践 / 交通运输部科学研究院编著. — 北京:人民交通出版社股份有限公司,2023.6
　ISBN 978-7-114-18832-9

Ⅰ.①碳… Ⅱ.①交… Ⅲ.①交通运输业—二氧化碳—节能减排—中国 Ⅳ.①F512.3

中国国家版本馆 CIP 数据核字(2023)第 098881 号

Tandafeng Tanzhonghe Lilun yu Jiaotong Shijian
书　　名:	碳达峰碳中和理论与交通实践
著 作 者:	交通运输部科学研究院
责任编辑:	周　宇　潘艳霞
责任校对:	赵媛媛
责任印制:	张　凯
出版发行:	人民交通出版社股份有限公司
地　　址:	(100011)北京市朝阳区安定门外外馆斜街 3 号
网　　址:	http://www.ccpcl.com.cn
销售电话:	(010)59757973
总 经 销:	人民交通出版社股份有限公司发行部
经　　销:	各地新华书店
印　　刷:	北京市密东印刷有限公司
开　　本:	880×1230　1/32
印　　张:	5.125
字　　数:	106 千
版　　次:	2023 年 6 月　第 1 版
印　　次:	2023 年 6 月　第 1 次印刷
书　　号:	ISBN 978-7-114-18832-9
定　　价:	50.00 元

(有印刷、装订质量问题的图书,由本公司负责调换)

《碳达峰碳中和理论与交通实践》编写委员会

主　　任　　石宝林
副 主 任　　方　海　　王先进
委　　员　　姜彩良　　李忠奎　　刘振国　　萧　赓　　陈徐梅
　　　　　　尚赞娣　　王新军　　魏道新　　吴洪洋　　张晓峰
　　　　　　李　霖　　衷　平　　庞基敏　　董振宁　　秦　浩
　　　　　　李如彬

编写组

主　　编　　张婧嫄　　吴洪洋　　崔慧珊
副 主 编　　王　双　　董　静　　蔡秀荣　　杨海平
编写成员　　于更尔　　王妮妮　　王　娟　　王锋锋　　牛　犇
　　　　　　田　园　　史　超　　刘宝双　　刘学欣　　刘　浩
　　　　　　李亚非　　李　成　　李晓菲　　李　磊　　杨　柳
　　　　　　杨　勇　　张海颖　　陈书雪　　陈建营　　尚文豪
　　　　　　赵　毅　　胡希元　　胡晋茹　　高　畅　　高硕晗
　　　　　　梁科科　　蔡　赫
　　　　　　（姓名按姓氏笔画排序）

前言
Preface

党的十八大以来，生态环境保护发生了历史性、转折性、全局性的变化，"绿水青山就是金山银山"理念深入人心，建设美丽中国成为中国人民心向往之的奋斗目标，天更蓝、山更绿、水更清成为中国人民的"幸福体验"。交通运输行业深入学习贯彻习近平生态文明思想，在推动生态保护、节能降碳、污染防治等方面取得了显著成就。面临新形势、新任务，交通运输行业必须充分认识加快绿色低碳发展的紧迫性和艰巨性，为实现"人与自然和谐共生"的中国式现代化贡献交通力量。

2021年，《交通运输碳达峰、碳中和知识解读》的出版发行，有效带动了交通运输行业绿色低碳发展的良好氛围，获得了相关政府部门、企业、专家的高度认可，多地将该书列为"双碳"工作培训教材。同年，该书作为优秀作品，被纳入国家发展改革委等部门联合发布的《关于开展2021年全国节能宣传周和全国低碳日活动的通知》重点宣传内容。2022年，该书荣获年度"全国公路优秀科普作品图书类一等奖"，同时，入选年度"交通运输重大科技创新成果库（交通运输专著）"。

作为《交通运输碳达峰、碳中和知识解读》的姊妹篇，《碳达峰碳中和理论与交通实践》于第33个全国节能宣传周前夕出版发行。全书分为政策篇、理论篇、实践篇三个部分："政策篇"对近年来党中央国务院及有关部门关于碳达峰碳中和目标的重大战略部署进行了系统梳理;"理论篇"从发展现状、关键领域、重点举措等三个层面,全面总结了推进交通运输绿色低碳发展的核心要点;"实践篇"择优选取绿色公路、绿色货运、绿色出行、交能融合、碳排放核算与认证、交通运输新业态等6个方向的19个典型案例,提供了交通运输绿色发展领跑示范和低碳转型经验借鉴。

《碳达峰碳中和理论与交通实践》由交通运输部科学研究院组织编写。编写组希望此书能够在交通运输进入加快建设交通强国、推动交通运输高质量发展的新阶段,在服务国家碳达峰碳中和目标的过程中,持续为交通运输高质量发展和绿色低碳转型提供有益借鉴和有力支撑。

本书编写组
2023 年 6 月

目 录
Contents

第一部分 政 策 篇

一、中央层面系统谋划、总体部署 …… **003**

1. 《中共中央 国务院关于完整准确全面贯彻新发展理念做好碳达峰碳中和工作的意见》…… 003

2. 《国务院关于印发2030年前碳达峰行动方案的通知》(国发〔2021〕23号) …… 005

3. 《国务院关于加快建立健全绿色低碳循环发展经济体系的指导意见》(国发〔2021〕4号) …… 007

二、碳达峰、碳中和"1+N"政策体系 …… **009**

4. 《国家发展改革委 国家能源局关于完善能源绿色低碳转型体制机制和政策措施的意见》(发改能源〔2022〕206号) …… 010

5. 《交通运输部 国家铁路局 中国民用航空局 国家邮政局贯彻落实〈中共中央 国务院关于完整准确全面贯彻新发展理念做好碳达峰碳中和工作的意见〉的实施意见》(交规划发〔2022〕56号) …… 011

6. 《国务院关于印发"十四五"现代综合交通运输体系发展规划的通知》(国发〔2021〕27号) ……… 012

7. 《交通运输部关于印发〈绿色交通"十四五"发展规划〉的通知》(交规划发〔2021〕104号) ……… 013

第二部分 理 论 篇

一、发展现状 …………………………………… **019**

1. 如何认识碳达峰、碳中和? ………………… 019
2. 国际上实现"双碳"目标的推进情况是怎样的? ……………………………………… 021
3. 交通运输实现深度减碳的国际经验有哪些? …… 023
4. 我国节能减排目标是什么?实施效果如何? …… 025
5. 我国应对气候变化的战略、措施和行动有哪些? ………………………………………… 026
6. 我国交通运输绿色低碳发展有哪些成效? …… 029
7. 做好交通运输绿色低碳工作有哪些意义? …… 031
8. 交通运输绿色低碳发展目标有哪些? ………… 032
9. "双碳"目标下交通运输行业绿色低碳转型重点任务有哪些? ……………………………… 033
10. 交通运输碳排放核算边界与方法是什么? …… 035

二、关键领域 …………………………………… **036**

(一)基础设施 ……………………………………… 036

11. 交通基础设施碳排放的来源主要有哪些? …… 036

目录

12. 为什么要开展交通基础设施生命周期碳排放核算与评价？ ······ 037
13. "双碳"目标下公路绿色低碳发展面临哪些挑战和问题？ ······ 037
14. "双碳"目标下开展绿色低碳公路基础设施建设有哪些路径？ ······ 038

(二) 运输装备 ······ 039

15. 运输工具电气化替代发展的整体思路是什么？ ······ 039
16. 运输工具在实现能源利用效率提升方面的基础是什么？措施有哪些？ ······ 040
17. 城市客运领域电动化有哪些进展和举措？ ······ 041
18. 氢燃料电池货车的发展情况是怎样的？ ······ 043
19. 引导鼓励慢行交通出行对减碳降碳作用体现在哪些方面？效果如何？ ······ 044

(三) 运输结构 ······ 046

20. 低碳交通运输结构对实现交通绿色低碳转型发展目标有什么作用？ ······ 046
21. "双碳"目标下运输结构调整的工作思路、方向和举措主要有哪些？ ······ 047
22. "双碳"目标下多式联运有多大发展空间？ ······ 048
23. 推广高效的货物运输组织模式对实现"双碳"目标有什么意义？ ······ 049
24. "双碳"目标下绿色出行的重点工作有哪些？ ······ 050
25. 国家综合货运枢纽补链强链对货运领域深度减排有什么作用？ ······ 052

26. 水运绿色低碳发展的基础是什么？路径
   有哪些？ ··· 053

三、重点举措 ··· **055**

27. "双碳"目标下营运性道路运输领域深度减排
   路径有哪些？ ··· 055
28. （近）零碳高速公路服务区的实现路径有哪些？ ······ 057
29. （近）零碳综合客运枢纽的实现路径有哪些？ ········· 058
30. （近）零碳港口的实现路径有哪些？ ························· 059
31. 分布式光伏发电在公路上应用的形式包括
   哪些？ ·· 062
32. 如何构建交通运输碳排放统计监测体系？ ················ 063
33. 如何建立交通运输碳排放统计监测平台？ ················ 064
34. 交通运输行业绿色标准体系建设有哪些
   最新进展？ ··· 065
35. 认证制度如何推动交通产品低碳发展？ ···················· 067
36. 财税政策如何聚焦交通运输绿色发展目标？ ············ 067
37. 科技如何支撑交通运输绿色低碳发展？ ···················· 069

第三部分 实 践 篇

一、绿色公路 ··· **073**

1. 安徽 G42S 无为至岳西段绿色公路示范工程 ············· 073
2. 盘兴绿色公路建设实践 ·· 078
3. 常温改性沥青筑路技术在新疆、西藏地区的
   应用实践 ·· 082

目录

二、绿色货运 ·· **087**
    4. 广州绿色货运配送示范城市创建经验 ············ 087
    5. 深圳西部港区江海联运科技示范工程 ············ 091
    6. 菜鸟网络绿色发展的数智之路 ·················· 094

三、绿色出行 ·· **098**
    7. 北京市电动公交车辆精细化管理实践 ············ 098
    8. 宁波城市轨道交通智能能源系统节能示范工程 ···· 102
    9. 绍兴绿色出行城市创建典型做法 ················ 105
    10. 太原纯电动出租汽车推广应用实践 ············· 108

四、交能融合 ·· **110**
    11. 国家电力投资集团有限公司白城绿能零碳交通
        示范城市建设经验 ························· 110
    12. 山东高速集团有限公司济南东零碳服务区建设
        试点 ···································· 114

五、碳排放核算与认证 ·································· **118**
    13. 中国交通建设集团有限公司公路工程建设期碳
        排放测算标准、定额及测算软件的研发和使用 ···· 118
    14. 江西省交通运输碳排放核算典型做法 ··········· 121
    15. 高速公路服务区碳排放认证河北实践 ··········· 123

六、交通运输新业态 ···································· **126**
    16. 滴滴网约车"碳元气"项目实践 ················ 126
    17. 高德北京绿色出行一体化服务平台(MaaS)
        典型案例 ································· 130
    18. 美团(电)单车全生命周期减污降碳典型做法 ···· 136
    19. 人民出行5G智能公共电动自行车应用实践 ····· 140

参考文献 ··· **150**

第一部分

政策篇

一、中央层面系统谋划、总体部署

实现碳达峰、碳中和是一场广泛而深刻的经济社会系统性变革,面临前所未有的困难挑战。当前,我国经济结构还不合理,工业化、新型城镇化还在深入推进,经济发展和民生改善任务还很重,能源消费仍将保持刚性增长。为做好碳达峰碳中和工作,中央层面制定印发了意见,对碳达峰碳中和这项重大工作进行系统谋划和总体部署,进一步明确了总体要求,提出主要目标,部署重大举措,明确实施路径,对统一全党认识和意志,汇聚全党全国力量来完成碳达峰碳中和这一艰巨任务具有重大意义。

1.《中共中央 国务院关于完整准确全面贯彻新发展理念做好碳达峰碳中和工作的意见》

《中共中央 国务院关于完整准确全面贯彻新发展理念做好碳达峰碳中和工作的意见》(以下简称《意见》)指出,实现碳达峰、碳中和,是以习近平同志为核心的党中央统筹国内国际两个大局作出的重大战略决策,是着力解决资源环境约束突出问题、实现中华民族永续发展的必然选择,是构建人类命运共同体的庄严承诺。《意见》明确实现碳达峰、碳中和目标,要坚持"全国统筹、节约优先、双轮驱动、内外畅通、防范风险"的工作原则;提出了构建绿色低碳循环发展经济体系、提升能源利用效率、提高非化石能源消费比重、降低二氧化碳排放水平、提升生态系统碳汇能力等五方面主要目标，确保如期实现碳达峰、碳中和。

实现碳达峰、碳中和是一项多维、立体、系统的工程，涉及经济社会发展方方面面。《意见》坚持系统观念，提出10方面重点任务：一是推进经济社会发展全面绿色转型，二是深度调整产业结构，三是加快构建清洁低碳安全高效能源体系，四是加快推进低碳交通运输体系建设，五是提升城乡建设绿色低碳发展质量，六是加强绿色低碳重大科技攻关和推广应用，七是持续巩固提升碳汇能力，八是提高对外开放绿色低碳发展水平，九是健全法律法规标准和统计监测体系，十是完善政策机制。

其中，在"加快推进低碳交通运输体系建设"方面指出：一是优化交通运输结构。加快建设综合立体交通网，大力发展多式联运，提高铁路、水路在综合运输中的承运比重，持续降低运输能耗和二氧化碳排放强度。优化客运组织，引导客运企业规模化、集约化经营。加快发展绿色物流，整合运输资源，提高利用效率。二是推广节能低碳型交通工具。加快发展新能源和清洁能源车船，推广智能交通，推进铁路电气化改造，推动加氢站建设，促进船舶靠港使用岸电常态化。加快构建便利高效、适度超前的充换电网络体系。提高燃油车船能效标准，健全交通运输装备能效标识制度，加快淘汰高耗能高排放老旧车船。三是积极引导低碳出行。加快城市轨道交通、公交专用道、快速公交系统等大容量公共交通基础设施建设，加强自行车专用道和行人步道等城市慢行系统建设。综合运用法律、经济、技术、行政等多种手段，加大城市交通拥堵治理力度。

2.《国务院关于印发 2030 年前碳达峰行动方案的通知》(国发〔2021〕23 号)

《2030 年前碳达峰行动方案》(以下简称《方案》)围绕贯彻落实党中央、国务院关于碳达峰碳中和的重大战略决策,按照《中共中央 国务院关于完整准确全面贯彻新发展理念做好碳达峰碳中和工作的意见》工作要求,聚焦 2030 年前碳达峰目标,对推进碳达峰工作作出总体部署。《方案》强调,将碳达峰贯穿于经济社会发展全过程和各方面,重点实施能源绿色低碳转型行动、节能降碳增效行动、工业领域碳达峰行动、城乡建设碳达峰行动、交通运输绿色低碳行动、循环经济助力降碳行动、绿色低碳科技创新行动、碳汇能力巩固提升行动、绿色低碳全民行动、各地区梯次有序碳达峰行动等"碳达峰十大行动",并就开展国际合作和加强政策保障作出相应部署。

在"交通运输绿色低碳行动"方面指出,加快形成绿色低碳运输方式,确保交通运输领域碳排放增长保持在合理区间。

一是推动运输工具装备低碳转型。积极扩大电力、氢能、天然气、先进生物液体燃料等新能源、清洁能源在交通运输领域应用。大力推广新能源汽车,逐步降低传统燃油汽车在新车产销和汽车保有量中的占比,推动城市公共服务车辆电动化替代,推广电力、氢燃料、液化天然气动力重型货运车辆。提升铁路系统电气化水平。加快老旧船舶更新改造,发展电动、液化天然气动力船舶,深入推进船舶靠港使用岸电,因地制宜开展沿海、内河绿色智能船舶示范应用。提升机场运行电动化智能化水平,发展新能源航空器。到 2030 年,当年新增新能源、清洁能源动力的交通工具比例达到40%左右，营运交通工具单位换算周转量碳排放强度比2020年下降9.5%左右，国家铁路单位换算周转量综合能耗比2020年下降10%。陆路交通运输石油消费力争2030年前达到峰值。

二是构建绿色高效交通运输体系。发展智能交通，推动不同运输方式合理分工、有效衔接，降低空载率和不合理客货运周转量。大力发展以铁路、水路为骨干的多式联运，推进工矿企业、港口、物流园区等铁路专用线建设，加快内河高等级航道网建设，加快大宗货物和中长距离货物运输"公转铁""公转水"。加快先进适用技术应用，提升民航运行管理效率，引导航空企业加强智慧运行，实现系统化节能降碳。加快城乡物流配送体系建设，创新绿色低碳、集约高效的配送模式。打造高效衔接、快捷舒适的公共交通服务体系，积极引导公众选择绿色低碳交通方式。"十四五"期间，集装箱铁水联运量年均增长15%以上。到2030年，城区常住人口100万以上的城市绿色出行比例不低于70%。

三是加快绿色交通基础设施建设。将绿色低碳理念贯穿于交通基础设施规划、建设、运营和维护全过程，降低全生命周期能耗和碳排放。开展交通基础设施绿色化提升改造，统筹利用综合运输通道线位、土地、空域等资源，加大岸线、锚地等资源整合力度，提高利用效率。有序推进充电桩、配套电网、加注(气)站、加氢站等基础设施建设，提升城市公共交通基础设施水平。到2030年，民用运输机场场内车辆装备等力争全面实现电动化。

3.《国务院关于加快建立健全绿色低碳循环发展经济体系的指导意见》(国发〔2021〕4号)

《国务院关于加快建立健全绿色低碳循环发展经济体系的指导意见》(以下简称《指导意见》)提出,建立健全绿色低碳循环发展经济体系,促进经济社会发展全面绿色转型,是解决我国资源环境生态问题的基础之策。

《指导意见》明确,到2025年,产业结构、能源结构、运输结构明显优化,绿色产业比重显著提升,基础设施绿色化水平不断提高,清洁生产水平持续提高,生产生活方式绿色转型成效显著,能源资源配置更加合理、利用效率大幅提高,主要污染物排放总量持续减少,碳排放强度明显降低,生态环境持续改善,市场导向的绿色技术创新体系更加完善,法律法规政策体系更加有效,绿色低碳循环发展的生产体系、流通体系、消费体系初步形成。到2035年,绿色发展内生动力显著增强,绿色产业规模迈上新台阶,重点行业、重点产品能源资源利用效率达到国际先进水平,广泛形成绿色生产生活方式,碳排放达峰后稳中有降,生态环境根本好转,美丽中国建设目标基本实现。

《指导意见》从六个方面部署了重点工作任务。一是健全绿色低碳循环发展的生产体系。要推进工业绿色升级,加快农业绿色发展,提高服务业绿色发展水平,壮大绿色环保产业,提升产业园区和产业集群循环化水平,构建绿色供应链。二是健全绿色低碳循环发展的流通体系。要积极调整运输结构,加强物流运输组织管理,推广绿色低碳运输工具,加强再生资源回收利用,建立绿色贸易体系。三是健全绿色低碳循环发展的消费体系。要促进绿色产品消费，倡导绿色低碳生活方式，坚决制止餐饮浪费，因地制宜推进生活垃圾分类和减量化、资源化，推进塑料污染全链条治理。四是加快基础设施绿色升级。要推动能源体系绿色低碳转型，完善能源消费总量和强度双控制度，推进城镇环境基础设施建设升级，提升交通基础设施绿色发展水平，改善城乡人居环境。五是构建市场导向的绿色技术创新体系。要鼓励绿色低碳技术研发，加速科技成果转化。六是完善法律法规政策体系。强化法律法规支撑，健全绿色收费价格机制，加大财税扶持力度，大力发展绿色金融，完善绿色标准、绿色认证体系和统计监测制度，培育绿色交易市场机制。

其中，在"健全绿色低碳循环发展的生产体系"方面提出，构建绿色供应链。鼓励企业开展绿色设计、选择绿色材料、实施绿色采购、打造绿色制造工艺、推行绿色包装、开展绿色运输、做好废弃产品回收处理，实现产品全周期的绿色环保。选择100家左右积极性高、社会影响大、带动作用强的企业开展绿色供应链试点，探索建立绿色供应链制度体系。鼓励行业协会通过制定规范、咨询服务、行业自律等方式提高行业供应链绿色化水平。

在"健全绿色低碳循环发展的流通体系"方面提出，打造绿色物流。积极调整运输结构，推进铁水、公铁、公水等多式联运，加快铁路专用线建设。加强物流运输组织管理，加快相关公共信息平台建设和信息共享，发展甩挂运输、共同配送。推广绿色低碳运输工具，淘汰更新或改造老旧车船，港口和机场服务、城市物流配送、邮政快递等领域要优先使用新能源或清洁能源汽车；加大推广绿色船舶示范应用力度，推进内河船型标准化。加快港口岸电设施建设，支持机场开展飞机辅助动力装置替代设备建设和应用。支持物流企业构建数字化运营平台，鼓励发展智慧仓储、智慧运输，推动建立标准化托盘循环共用制度。

在"健全绿色低碳循环发展的消费体系"方面提出，倡导绿色低碳生活方式。厉行节约，坚决制止餐饮浪费行为。因地制宜推进生活垃圾分类和减量化、资源化，开展宣传、培训和成效评估。扎实推进塑料污染全链条治理。推进过度包装治理，推动生产经营者遵守限制商品过度包装的强制性标准。提升交通系统智能化水平，积极引导绿色出行。深入开展爱国卫生运动，整治环境脏乱差，打造宜居生活环境。开展绿色生活创建活动。

在"加快基础设施绿色升级"方面提出，提升交通基础设施绿色发展水平。将生态环保理念贯穿交通基础设施规划、建设、运营和维护全过程，集约利用土地等资源，合理避让具有重要生态功能的国土空间，积极打造绿色公路、绿色铁路、绿色航道、绿色港口、绿色空港。加强新能源汽车充换电、加氢等配套基础设施建设。积极推广应用温拌沥青、智能通风、辅助动力替代和节能灯具、隔声屏障等节能环保先进技术和产品。加大工程建设中废弃资源综合利用力度，推动废旧路面、沥青、疏浚土等材料以及建筑垃圾的资源化利用。

二、碳达峰、碳中和"1＋N"政策体系

按照整体部署、系统推进、分类施策、重点突破的原则，加快构建碳达峰、碳中和"1＋N"政策体系，深入推进二氧化碳排放达峰行动，推动经济社会发展建立在资源高效利用和绿色低碳

发展的基础之上。目前，煤炭、石油天然气、钢铁、有色金属、石化化工、建材等重点行业实施方案，科技支撑、财政支持、统计核算、人才培养等支撑保障方案，以及31个省区市碳达峰实施方案均已制定。总体上看，系列文件已构建起目标明确、分工合理、措施有力、衔接有序的碳达峰、碳中和"1+N"政策体系，形成各方面共同推进的良好格局，为实现碳达峰碳中和目标（以下简称"'双碳'目标"）提供源源不断的工作动能。

4.《国家发展改革委　国家能源局关于完善能源绿色低碳转型体制机制和政策措施的意见》（发改能源〔2022〕206号）

《关于完善能源绿色低碳转型体制机制和政策措施的意见》（以下简称《意见》）从完善国家能源战略和规划实施的协同推进机制、完善引导绿色能源消费的制度和政策体系、建立绿色低碳为导向的能源开发利用新机制等方面提出了多项举措。

《意见》提出，完善交通运输领域能源清洁替代政策。推进交通运输绿色低碳转型，优化交通运输结构，推行绿色低碳交通设施装备。推行大容量电气化公共交通和电动、氢能、先进生物液体燃料、天然气等清洁能源交通工具，完善充换电、加氢、加气（LNG）站点布局及服务设施，降低交通运输领域清洁能源用能成本。对交通供能场站布局和建设在土地空间等方面予以支持，开展多能融合交通供能场站建设，推进新能源汽车与电网能量互动试点示范，推动车桩、船岸协同发展。对利用铁路沿线、高速公路服务区等建设新能源设施的，鼓励对同一省级区域内的项目统一规划、统一实施、统一核准（备案）。

根据《意见》，到 2030 年，基本建立完整的能源绿色低碳发展基本制度和政策体系，形成非化石能源既基本满足能源需求增量又规模化替代化石能源存量、能源安全保障能力得到全面增强的能源生产消费格局。

5.《交通运输部　国家铁路局　中国民用航空局　国家邮政局贯彻落实〈中共中央　国务院关于完整准确全面贯彻新发展理念做好碳达峰碳中和工作的意见〉的实施意见》(交规划发〔2022〕56号)

交通运输是国民经济中基础性、先导性、战略性产业和重要的服务性行业，是碳排放的重要领域之一，推动交通运输行业绿色低碳转型对于促进行业高质量发展、加快建设交通强国具有十分重要的意义。交通运输行业要按照党中央、国务院决策部署，切实推动交通运输转型升级、提质增效，加快形成绿色低碳生产生活方式，推进交通运输生态文明建设取得新成效，加快建设交通强国，当好中国现代化的开路先锋。

《交通运输部　国家铁路局　中国民用航空局　国家邮政局贯彻落实〈中共中央　国务院关于完整准确全面贯彻新发展理念做好碳达峰碳中和工作的意见〉的实施意见》(交规划发〔2022〕56号)(以下简称《实施意见》)明确了四项主要任务，包括：优化交通运输结构；推广节能低碳型交通工具；积极引导低碳出行；增强交通运输绿色转型新动能。《实施意见》的及时出台，为"十四五"乃至更长时期的交通运输绿色低碳发展指明了方向、明确了重点，对于交通运输系统进一步统一思想认识，凝聚各方力量，加快推进实施碳达峰碳中和交通运输工作这一艰巨任务具有重大意义。

6.《国务院关于印发"十四五"现代综合交通运输体系发展规划的通知》(国发〔2021〕27号)

《"十四五"现代综合交通运输体系发展规划》(以下简称《规划》)明确服务大局、当好先锋,系统推进、衔接融合,创新驱动、深化改革,绿色转型、安全发展等基本原则。《规划》确定的主要目标是,到2025年,综合交通运输基本实现一体化融合发展,智能化、绿色化取得实质性突破,综合能力、服务品质、运行效率和整体效益显著提升,交通运输发展向世界一流水平迈进。展望2035年,便捷顺畅、经济高效、安全可靠、绿色集约、智能先进的现代化高质量国家综合立体交通网基本建成,"全国123出行交通圈"(都市区1小时通勤、城市群2小时通达、全国主要城市3小时覆盖)和"全球123快货物流圈"(快货国内1天送达、周边国家2天送达、全球主要城市3天送达)基本形成,基本建成交通强国。

《规划》明确九个方面的主要任务:一是构建高质量综合立体交通网,勾画好美丽中国的"交通工笔画"。二是增强交通运输对重大战略支撑服务能力,差异化推进城乡区域协调发展。三是加强互联互通和一体衔接,推进城市群和都市圈交通现代化。四是扩大优质运输服务供给,推动运输服务多元化品质化发展。五是坚持创新驱动发展,加快智能技术深度推广应用。六是贯彻落实碳达峰碳中和要求,全面推进绿色低碳转型。七是夯实安全发展基础,提升安全应急保障能力。八是更好服务和融入新发展格局,推动高水平对外开放合作。九是聚焦制约高质量发展的深层次矛盾问题,加强现代化治理能力建设。

在"全面推进绿色低碳转型"方面指出,坚持绿水青山就是金山银山理念,坚持生态优先,全面推动交通运输规划、设计、建设、运营、养护全生命周期绿色低碳转型,协同推进减污降碳,形成绿色低碳发展长效机制,让交通更加环保、出行更加低碳。主要内容包括:优化调整运输结构;推广低碳设施设备;加强重点领域污染防治、全面提高资源利用效率、完善碳排放控制政策。

7.《交通运输部关于印发〈绿色交通"十四五"发展规划〉的通知》(交规划发〔2021〕104号)

《绿色交通"十四五"发展规划》(以下简称《规划》)提出,到2025年,交通运输领域绿色低碳生产方式初步形成,基本实现基础设施环境友好、运输装备清洁低碳、运输组织集约高效,重点领域取得突破性进展,绿色发展水平总体适应交通强国建设阶段性要求。

"十四五"时期,我国生态文明建设进入以降碳为重点战略方向、推动减污降碳协同增效、促进经济社会发展全面绿色转型,实现生态环境质量改善由量变到质变的关键时期。《规划》提出了绿色交通"十四五"发展的具体目标,包括:生态保护取得显著成效,交通基础设施与生态环境协调发展水平进一步提升,全生命周期资源消耗水平有效降低;营运车辆及船舶能耗和碳排放强度进一步下降,新能源和清洁能源应用比例显著提升;交通运输污染防治取得新成效,营运车船污染物排放强度不断降低,排放总量进一步下降;客货运输结构更趋合理,运输组织效率进一步提升,绿色出行体系初步形成;绿色交通推进手段进一步丰富,行业绿色发展法规制度标准体系逐步完善,科技支撑能力进一步提高,绿色交通监管能力明显提升。

《规划》提出了七项主要任务,一是优化空间布局,建设绿色交通基础设施。强化国土空间规划对交通基础设施规划建设的指导约束作用,推动形成与生态保护红线相协调、与资源环境承载力相适应的综合立体交通网。因地制宜推进新开工的高速公路全面落实绿色公路建设要求,鼓励普通国省干线公路按照绿色公路要求建设,引导有条件的农村公路参照绿色公路要求协同推进"四好农村路"建设。

二是优化交通运输结构,提升综合运输能效。加快推进港口集疏运铁路、物流园区及大型工矿企业铁路专用线建设,推动大宗货物及中长距离货物运输"公转铁""公转水"。深入推进多式联运发展,推进综合货运枢纽建设,推动铁水、公铁、公水、空陆等联运发展。因地制宜构建以城市轨道交通和快速公交为骨干、常规公交为主体的公共交通出行体系,强化"轨道+公交+慢行"网络融合发展。

三是推广应用新能源,构建低碳交通运输体系。加快推进城市公交、出租、物流配送等领域新能源汽车推广应用,国家生态文明试验区、大气污染防治重点区域新增或更新的公交、出租、物流配送等车辆中新能源汽车比例不低于80%。鼓励开展氢燃料电池汽车试点应用。加快现有营运船舶受电设施改造,不断提高受电设施安装比例。有序推进现有码头岸电设施改造,主要港口的五类专业化泊位,以及长江干线、西江航运干线2000吨级以上码头(油气化工码头除外)岸电覆盖率进一步提高。

四是坚持标本兼治,推进交通污染深度治理。严格落实船舶大气污染物排放控制区各项要求，会同相关部门保障船用低硫燃油供应，降低船舶硫氧化物、氮氧化物、颗粒物和挥发性有机物等排放，适时评估排放控制区实施效果。推进船舶大气污染物监测监管试验区建设，加强船舶污染设施设备配备及使用情况监督检查。深入推进在用车辆污染治理。加快建立超标排放汽车闭环管理联防联控机制，强化在用汽车排放检验与维修治理。研究完善道路运输车辆燃料消耗量限值准入制度。

五是坚持创新驱动，强化绿色交通科技支撑。构建市场导向的绿色技术创新体系，支持新能源运输装备和设施设备、氢燃料动力车辆及船舶、LNG和生物质燃料船舶等应用研究。修订绿色交通标准体系，加强新技术、新设备、新材料、新工艺等方面标准的有效供给。

六是健全推进机制，完善绿色交通监管体系。健全完善交通运输部碳达峰碳中和工作组织领导体系，强化部门协同联动。制定交通运输绿色低碳发展行动方案等政策文件。完善绿色交通统计体系，推进公路、水运、城市客运等能耗、碳排放及污染物排放数据采集。

七是完善合作机制，深化国际交流与合作。深度参与国际海运温室气体减排谈判，主动研提中国方案，加强船舶低碳技术国际合作，引导国际规则与国内发展目标对接，推动形成公正、合理的国际制度安排。依托联合国全球可持续交通大会等，宣传中国绿色交通发展理念，推动全球生态环境治理体系建设。推动中国绿色交通标准国际化。

第二部分

理论篇

一、发展现状

1. 如何认识碳达峰、碳中和?

(1) 碳达峰碳中和

碳达峰是指某个地区或行业,年度温室气体排放量达到历史最高值,是温室气体排放量由增转降的历史拐点,标志着经济发展由高耗能、高排放向清洁低能耗模式的转变。大多数发达国家已经实现碳达峰,碳排放进入下降通道。我国目前碳排放虽然比2000—2010年的快速增长期增速放缓,但仍呈增长态势,尚未达峰。

碳中和是指某个地区在一定时间内(一般指一年),人类活动直接和间接排放的碳总量,与通过植树造林、碳捕集、利用与封存(CCUS, Carbon Capture, Utilization and Storage)等吸收的碳总量相互抵消,实现碳"净零排放"。

(2) 温室气体

地球大气中重要的温室气体包括:二氧化碳(CO_2)、臭氧(O_3)、氧化亚氮(N_2O)、甲烷(CH_4)、氢氟氯碳化物类(CFCs,HFCs, HCFCs)、全氟碳化物(PFCs)、六氟化硫(SF_6),以及氯氟烃、氟化物、溴化物、氯化物、醛类和各种氮氧化物、硫化物等极微量气体。

温室气体基本可分为两大类:一类是地球大气中所固有的,但是工业化(约1750年)以来由于人类活动排放而明显增多的温室气体，包括二氧化碳、甲烷、氧化亚氮、臭氧等；另一类是完全由人类生产活动产生的，如氯氟烃、氟化物、溴化物、氯化物等。例如，氯氟烃曾被广泛用于制冷机和其他的工业生产中，人类活动排放的氯氟烃导致了地球平流层臭氧的破坏。20世纪80年代以来，由于制定了保护臭氧层的国际公约，氯氟烃等人造温室气体的排放量正逐步减少。

由于人类活动所排放的温室气体中，二氧化碳占比最大，减排一般指减少二氧化碳排放，碳达峰即指二氧化碳达峰。如果考虑所有温室气体，则可将非二氧化碳温室气体排放量换算为等价二氧化碳当量（CO_{2e}），这样可以将不同温室气体的效应标准化。

（3）影响碳排放的主要因素

经济发展阶段。主要体现在产业结构、人均收入和城市化水平等方面。产业结构变动对国家能源消费和碳排放有重要影响。人均收入增加将会提高居民对环境产品的支付能力和意愿。发达国家处于后工业化时代，城市化已经完成，碳排放主要由消费型社会驱动，而发展中国家如中国还处于经济发展的存量积累阶段，主要是生产投资和基础设施投入带动的资本存量累积的碳排放。

能源资源禀赋。碳排放主要来源于化石能源的使用，煤炭、石油、天然气的碳排放系数依次递减，绿色植物是碳中性的，太阳能、风能、水能等可再生能源以及核能属于零碳能源，能源资源禀赋会显著影响碳排放，丰富的低碳资源对于降低碳排放具有重要意义。提升清洁能源比重，推动能源结构转换将有助于降低碳排放强度。

技术因素。通过改进提升能源利用效率、管理效率以及碳捕集、利用与封存等技术发展水平,可以减缓甚至降低碳排放。

消费模式。能源消耗及其排放在根本上受到全社会消费活动的驱动,发展水平、自然条件、生活方式等方面的差异导致不同国家居民能源消耗和碳排放的巨大差异,消费模式和行为习惯对于碳排放影响显著,如美国人均碳排放水平是欧盟国家的2倍以上。

此外,人口变化和环境政策以及国际环境也会对碳排放产生重要影响。

(4)人类应对气候变化的措施

减缓和适应是应对气候变化最基础的措施。减缓直接面对气候变化的本质问题,减少排放到大气中的温室气体量,通过控制大气含碳浓度来减缓全球变暖的速度;而适应的效果除了直接降低气候损害外,还包括一些预防性措施以减少气候易损性,见图2-1。

2. 国际上实现"双碳"目标的推进情况是怎样的?

一般来说,实现碳排放峰值年后至少5年没有出现相比峰值年的增长,才能确认为达峰年。碳达峰的国家已经经历经济增长过程并实现较高水平的财富积累和社会福利。低发展水平和低收入水平的国家即便名义上碳达峰也意义不大,一方面这些国家人均排放量本来就很低,从排放公平的角度看,应该有权增加排放;另一方面这些国家未来发展具有较大不确定性,目前观察到的峰值,随着经济社会发展很可能只是一个阶段性的峰值。

在《联合国气候变化框架公约》(UNFCCC)和联合国开发计划署(UNDP)的支持下,由智利、英国发起成立的"气候雄心联盟"

(Climate Ambition Alliance)号召各国承诺在2050年实现碳中和,全球范围有越来越多的国家将碳中和作为重要的战略目标,采取积极措施应对气候变化。

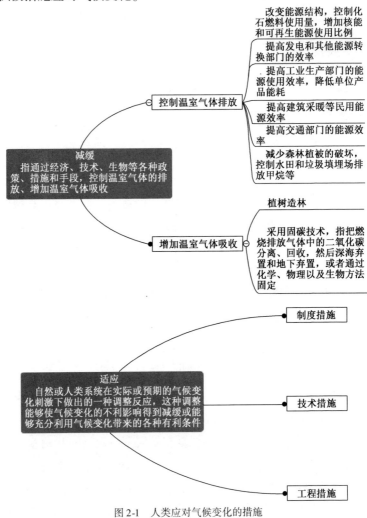

图2-1 人类应对气候变化的措施

3. 交通运输实现深度减碳的国际经验有哪些？

交通运输实现深度减碳的国际经验见表 2-1。

表 2-1　交通运输实现深度减碳的国际经验

国家或地区	措　　施
欧盟	2019 年欧盟通过能耗率新规，首次对货车的减排量作出了严格要求，根据欧盟新规，2025 年以后新注册的货车排放量必须降低 15%，2030 年以后降低 30%。欧洲各国政府陆续公布了禁售燃油汽车时间表，动力电池传动系统、氢燃料电池、悬吊系统、绿色合成燃料等技术已在逐步探索推广中。 德国明确了未来 10 年内交通运输排放减少 40% 的目标，并要求到 2030 年三分之一的货运里程由电动货车或电力燃料货车完成。德国计划近 3 年投资 10 亿多欧元给低排放车辆额外补助，为使用电动动力系统的商用车建造充电和补充燃料的设施，还支持本国重型载货车收费系统改革，对车辆的二氧化碳排放量进行统计。同时测试电力电池和氢燃料电池动力系统以及有缆充电系统，为 2023 年大规模应用做好前期准备工作
美国	一是实施温室气体排放标准和燃油经济性标准。针对轻型车，在排放标准方面，2020 年 4 月，美国环保局和国家公路交通安全管理局修改了相关标准。针对重型载货车，美国环保局和国家公路交通安全管理局先后于 2011 年、2016 年联合制定重型车辆和重型发动机协调一致的温室气体和燃油经济性标准。 二是转变交通运输需求。以美国加利福尼亚州为例，该州《可持续社区与气候保护法》要求，州内各大都市必须为规划区域内的乘用车和轻型载货车制定温室气体排放目标，城市规划部门必须制定相应策略降低二氧化碳排放，并跟踪交通运输中的温室气体排放。

续上表

国家或地区	措　施
美国	三是实施投资和经济激励性政策。针对轻型车，美国联邦政府为购买电动或混合动力汽车的消费者提供高达7500美元的联邦税收抵免及其他补贴形式。针对重型车，美国环保局和加州空气资源委员会通过向个人和车队所有者提供赠款和补贴，推动了重型汽车行业的脱碳。同时，加大公共部门和私营部门对重型载货车辆基础设施的投资。 四是推广低碳和零碳交通。将公众的出行方式从自驾转向低碳或零碳的出行方式，也是美国交通脱碳综合战略的重要内容。 五是实施高效的低碳项目。2008年，美国环保局发布规定要求大型公路柴油和汽油载货车通过在线诊断系统对污染物排放控制系统进行故障监测。目前，有9个州对重型柴油车实施了检查/保养项目，确保车辆始终符合排放标准。2004年，启动"智慧道路"（Smart Way）项目
日本	一是推进汽车电气化，在15年内逐步停售燃油车，采用混合动力汽车和电动汽车填补燃油车的空缺，进一步提高动力蓄电池性能并降低成本，扩大电动车和基础设施的引进，加快"出行即服务"等与用户行为变化和电动化相适应的新型服务基础设施建设，到2030年实现新车100%为电动汽车、全固态锂离子电池实用化。 二是加速船舶节能减排，推动LNG（液化天然气）燃料船的高效化和船舶领域氢、氨等零碳燃料替代，制定国际船舶能效指数及能效业绩的分级制度。 三是发展低碳航空业，推动飞机装备与推进系统电动化，研发氢燃料电池飞机，提高碳纤维和陶瓷等材料性能以加速机身、发动机的轻量化和效率化。 四是打造低碳物流，建设碳中和港口，发展高效率、电动化、燃料脱碳化的物流

4. 我国节能减排目标是什么？实施效果如何？

长期以来，我国高度重视气候变化问题，把积极应对气候变化作为国家经济社会发展的重大战略。"十一五"以来，每个五年规划都制定节能减排的目标并取得成效，见表2-2。

表2-2 我国节能减排目标及取得成效

时期	指标内容	取得成效
"十一五"规划（2006—2010）	第一次提出了节能减排概念，并设定了单位国内生产总值能源消耗比"十五"期末降低20%等约束性指标	"十一五"期间，全国单位国内生产总值能耗下降19.1%，基本完成了"十一五"规划纲要的目标任务
"十二五"规划（2011—2015）	设定了提高低碳能源使用和降低化石能源消耗的目标，即非化石能源占一次能源消费比重达到11.4%，单位国内生产总值能耗降低16%，单位国内生产总值二氧化碳排放比2010年下降17%	"十二五"期间，我国实际碳强度累计下降20%左右，2015年非化石能源占一次能源消费比重达到12%，超额完成"十二五"规划目标

续上表

时　期	指标内容	取得成效
"十三五"规划（2016—2020）	设定应对气候变化的约束性目标，即非化石能源占一次能源消费比重达到15%。单位国内生产总值能源消耗降低15%，单位国内生产总值二氧化碳排放降低18%。《"十三五"节能减排综合工作方案》提出"双控目标"，到2020年，单位国内生产总值能耗比2015年下降15%，能源消费总量控制在50亿吨标准煤以内	根据国家统计局能源统计司公布数据，2020年能源消费总量数据约为49.7亿吨标准煤，实现了"十三五"规划纲要制定的"能源消费总量控制在50亿吨标准煤以内"的目标，完成了能耗总量控制任务，但能耗强度累计下降幅度在13.79%左右，未完成"十三五"规划纲要制定的"单位国内生产总值能耗比2015年下降15%"的任务。单位国内生产总值二氧化碳排放降低约22%，超过"十三五"规划制定的18%的目标
"十四五"规划（2021—2025）	设定了单位国内生产总值能源消耗和二氧化碳排放分别降低13.5%、18%的约束性目标	—

5. 我国应对气候变化的战略、措施和行动有哪些？

气候变化是全人类的共同挑战。1992年5月9日，《联合国气候变化框架公约》经过多方艰难谈判获得通过。这是全球第一个为全面控制二氧化碳等温室气体排放，应对全球变暖给人类经济和社会带来不利影响的公约。30年来，在各方共同努力下，全球应对气候变化工作取得积极进展。

作为世界上最大的发展中国家，中国主动实施一系列应对气候变化战略、措施和行动，积极推动共建公平合理、合作共赢的全球气候治理体系，为应对气候变化贡献中国智慧、中国力量。

2013年9月，习近平主席在哈萨克斯坦纳扎尔巴耶夫大学回答学生们提问时，首次在国际场合提出："我们既要绿水青山，也要金山银山。宁要绿水青山，不要金山银山，而且绿水青山就是金山银山。"

2015年，习近平主席出席气候变化巴黎大会开幕式并发表重要讲话，为达成2020年后全球合作应对气候变化的《巴黎协定》作出历史性贡献。

在世界经济论坛2017年年会开幕式上，习近平主席强调，《巴黎协定》符合全球发展大方向，成果来之不易，应该共同坚守，不能轻言放弃。为推动全球气候治理指明前进方向，注入强劲动力。

2020年，习近平主席在第七十五届联合国大会一般性辩论上郑重宣布：中国将提高国家自主贡献力度，采取更加有力的政策和措施，二氧化碳排放力争于2030年前达到峰值，努力争取2060年前实现碳中和。

在二十国集团领导人利雅得峰会"守护地球"主题边会上，习近平主席强调："地球是我们的共同家园。我们要秉持人类命运共同体理念，携手应对气候环境领域挑战，守护好这颗蓝色星球。"

在第七十六届联合国大会一般性辩论上，习近平主席提出中国将大力支持发展中国家能源绿色低碳发展，不再新建境外煤电项目。

在2022年世界经济论坛视频会议上，习近平主席的演讲掷地有声：中国将破立并举、稳扎稳打，在推进新能源可靠替代过程中逐步有序减少传统能源，确保经济社会平稳发展。中国将积极开展应对气候变化国际合作，共同推进经济社会发展全面绿色转型。

(引自《人民日报》，2022年05月09日03版)

2020年1月6日，习近平主席在给世界大学气候变化联盟的学生代表回信中写道："40多年前，我在中国西部黄土高原上的一个小村庄劳动生活多年，当时那个地区的生态环境曾因过度开发而受到严重破坏，老百姓生活也陷于贫困。我从那时起就认识到，人与自然是生命共同体，对自然的伤害最终会伤及人类自己。"

今年4月，习近平主席就气候变化问题复信英国弗朗西斯·霍兰德学校小学生时指出，地球是个大家庭，人类是个共同体，气候变化是全人类面临的共同挑战，人类要合作应对。

作为气候治理的行动派，中国主动承担与国情相符合的国际责任，并不断自我加压，提高应对气候变化行动力度。中国把应对气候变化作为推进生态文明建设、实现高质量发展的重要抓手，基于中国实现可持续发展的内在要求和推动构建人类命运共同体的责任担当，形成应对气候变化新理念，以中国智慧为全球气候治理贡献力量。

《联合国气候变化框架公约》第二十六次缔约方大会气候行

动高级别倡导者奈杰尔·托平表示，中国的生态文明理念在推动全球生物多样性保护和环境保护的多边主义方面发挥至关重要的作用。

（引自《人民日报》，2022年05月09日03版）

目前，全国碳排放权交易市场启动上线交易，中国已建成世界最大清洁发电体系，宣布不再新建境外煤电项目，碳达峰碳中和"1+N"政策体系已基本建立。

（引自《人民日报》，2022年09月25日01版）

6. 我国交通运输绿色低碳发展有哪些成效？

在以习近平同志为核心的党中央的坚强领导下，我国交通运输行业在推动生态保护、节能降碳、污染防治等方面取得了历史性成就。

节能降碳工作成效显著。持续加快新能源和清洁能源应用。截至2021年底，全国新能源城市公交车比例突破66%，46个绿色货运配送示范工程创建城市累计新增城市物流配送新能源车8.6万余辆，保有量超20万辆，占全国新能源物流车总量的60%以上，成为全国新能源物流车推广的主阵地。LNG动力船舶保有量达300余艘，全国港口岸电设施覆盖泊位约7500个，集装箱、客滚、邮轮、3千吨级以上客运、5万吨级以上干散货五类专业化泊位岸电设施覆盖率达75%。邮政快递业新能源和清洁能源车辆保有量突破6万辆。国家铁路电气化率达到74.9%。飞机辅助动力装置（APU）替代设施全面使用。

运输结构持续优化。深入实施铁路运能提升、水运系统升级等"六大行动"，推进大宗货物及中长距离货物运输向铁路和水运有序转移。2022年，全年完成营业性货物运输周转量231743.5亿吨，公里增长3.4%，其中，铁路和水路货运周转量同比分别增长8.2%和4.7%；组织开展多式联运示范工程，截至2022年底，共开展四批116个多式联运示范工程，累计开通450条多式联运线路。持续推进城市绿色货运配送工作，组织开展三批共171个"绿色货运配送示范城市"，三批共87个城市的国家公交都市建设示范工程，为交通运输绿色低碳发展提供有力支撑。

污染防治工作有力有效。港口和船舶污染治理取得明显成效。重点开展长江经济带船舶和港口污染突出问题专项整治，全面完成各项目标任务，新改建的长江干线12座水上洗舱站全部投入试运行。船舶大气污染物排放量显著下降，与2015年相比，2020年船舶硫氧化物（SO_x）减排约61.4万吨、颗粒物（PM）减排约8.2万吨，京津冀、长三角、珠三角等区域船舶硫氧化物、颗粒物年排放总量分别下降80%、75%。推动建立汽车排放检验与维护（I/M）制度，实施道路运输车辆达标车型制度，车辆清洁化水平逐步提升。

交通基础设施生态保护力度不断加强。绿色公路、绿色港口和航道建设加快推动。开展33条绿色公路典型示范工程，建成20条绿色公路主题性试点工程，建成11个绿色港口主题性试点工程。支持完善交通服务设施旅游服务功能，各地建设了一批特色突出的旅游公路、旅游服务区，因地制宜打造集生态保护、自然景观、文化旅游等于一体的公路景观长廊。建设宜居宜业宜游的"美丽农村路"，促进乡村产业发展。

交通运输绿色治理水平持续提升。在节能降碳、生态保护、污染防治等领域制定了 62 项绿色交通相关标准规范。发布两批交通运输行业重点节能低碳技术推广目录，其中 12 项被纳入国家重点节能低碳技术目录，30 多项实现规模化应用。参与船舶大气污染防治等重点科技专项研发，在绿色交通新能源、新材料、新装备应用等方向建设了 6 家行业研发中心和 3 家行业重点实验室，绿色交通技术蓬勃发展。

7. 做好交通运输绿色低碳工作有哪些意义？

党的十八大以来，交通运输行业深入贯彻习近平生态文明思想，完整、准确、全面贯彻新发展理念，坚决贯彻落实党中央、国务院决策部署，全方位、全地域、全过程统筹推进交通运输高质量发展和绿色低碳转型，行业绿色发展路径日渐清晰，目标任务要求更加明确，交通运输绿色发展取得了积极成效，为做好碳达峰碳中和工作奠定了坚实基础。

但面对百年未有之大变局，我国正处于快速工业化、城市化和机动化"三化叠加"发展阶段，交通运输紧密贯穿于生产链条、联系着终端消费，人民群众对美好生活的向往需要更高水平的运输服务，交通运输领域能源消耗和碳排放一个时期内仍将保持刚性增长，是碳达峰碳中和工作的重要领域和主战场。

面临新形势、新任务，我们必须充分认识交通运输领域实现绿色低碳的紧迫性和艰巨性。"十四五"时期既是起跑期，又是加速冲刺期。而实现"双碳"目标是一项复杂工程，是一个长期任务，需要处理好交通运输发展质量和减排的关系，合理确定近远期目标，分阶段制定措施，根据各地实际分类施策，有效应对绿色低碳转型可能伴随的经济、社会风险，确保安全降碳，避免"一刀切"和"运动式"减碳。

8. 交通运输绿色低碳发展目标有哪些？

站在"双碳"目标新起点，一系列纲领性文件提出了交通运输绿色低碳发展目标：

《绿色交通"十四五"发展规划》聚焦"十四五"阶段，提出"营运车辆及船舶能耗和碳排放强度进一步下降，新能源和清洁能源应用比例显著提升""客货运输结构更趋合理，运输组织效率进一步提升，绿色出行体系初步形成"等定性指标，同时提出，到2025年，营运车辆单位运输周转量二氧化碳（CO_2）排放较2020年下降5%，营运船舶单位运输周转量二氧化碳（CO_2）排放较2020年下降3.5%，全国城市公交、出租汽车（含网约车）、城市物流配送领域新能源汽车占比分别为72%、35%、20%，国际集装箱枢纽海港新能源清洁能源集卡占比60%，城区常住人口100万以上城市中绿色出行比例超过70%的城市数量60个等目标。

《2030年前碳达峰行动方案》预期到2030年，提出加快形成绿色低碳运输方式，确保交通运输领域碳排放增长保持在合理区间的总体要求。同时提出到2030年，营运交通工具单位换算周转量碳排放强度比2020年下降9.5%左右，国家铁路单位换算周转量综合能耗比2020年下降10%。新能源清洁能源利用水平方面，提出到2030年，当年新增新能源、清洁能源动力的交通工具比例达到40%左右，民用运输机场场内车辆装备等力争全面实现电动化，陆路交通运输石油消费力争2030年前达到峰值。建立绿色低碳交通运输体系方面，提出"十四五"期间，集装箱铁水联运量年均增长15%以上，到2030年，城区常住人口100万以上的城市绿色出行比例不低于70%。

交通运输部发布贯彻落实《〈中共中央 国务院关于完整准确全面贯彻新发展理念做好碳达峰碳中和工作的意见〉的实施意见》提出加快形成绿色低碳交通运输方式，加快推进低碳交通运输体系建设，让交通更加环保、出行更加低碳，助力如期实现碳达峰碳中和目标，推动交通运输高质量发展的总体要求。

9. "双碳"目标下交通运输行业绿色低碳转型重点任务有哪些？

交通运输绿色低碳转型重点任务主要包括优化交通运输结构、推广节能低碳型交通工具、积极引导低碳出行、加快绿色交通基础设施建设、增强交通运输绿色转型新动能等五个方面。

优化交通运输结构。要完善铁路、公路、水运、民航、邮政快递等基础设施网络，构建以铁路为主干，以公路为基础，水运、民航比较优势充分发挥的国家综合立体交通网，切实提升综合交通运输整体效率。大力发展多式联运，提高铁路、水路在综合运输中的承运比重，持续降低运输能耗和二氧化碳排放强度。优化客运组织，引导客运企业规模化、集约化经营。加快发展绿色物流，整合运输资源，提高利用效率。

推广节能低碳型交通工具。要加快构建便利高效、适度超前的充换电网络体系。提高燃油车船能效标准，健全交通运输装备能效标识制度，加快淘汰高耗能高排放老旧车船。要加快发展新能源和清洁能源车船，依托交通强国建设试点，有序开展纯电动、氢燃料电池、可再生合成燃料车辆、船舶的试点，探索甲醇、氢、氨等新型动力船舶的应用，推动液化天然气动力船舶的应用。

积极引导低碳出行。要优先发展公共交通，完善城市公共交通服务网络，指导各地加快城市轨道交通、公交专用道、快速公交系统等大容量城市公共交通系统发展，提高公共交通供给能力，鼓励运输企业积极拓展多样化公共交通服务，改善公众出行体验，大力提升公共交通服务品质。提升绿色出行装备水平，大力培育绿色出行文化，完善绿色出行服务体系。引导公众优先选择公共交通、步行和自行车等绿色出行方式，整体提升各城市的绿色出行水平。

加快绿色交通基础设施建设。要将绿色低碳理念贯穿于交通基础设施规划、建设、运营和维护全过程，降低全生命周期能耗和碳排放。开展交通基础设施绿色化提升改造，统筹利用综合运输通道线位、土地、空域等资源，加大岸线、锚地等资源整合力度，提高利用效率。

增强交通运输绿色转型新动能。要强化绿色低碳发展规划引领，将碳达峰碳中和交通运输目标要求全面融入各地区交通运输中长期发展规划，强化有关专项规划的支撑，加强各级各类规划的衔接协调，确保各地区各部门落实碳达峰碳中和交通运输工作目标要求协调一致。提升交通运输技术创新能力，推动交通运输领域应用新能源、清洁能源、可再生合成燃料等低碳前沿技术攻关。发挥市场机制推动作用，加强政府在碳达峰碳中和的法规、标准、制度等方面的主导作用，充分发挥碳排放权、用能权有偿使用、合同能源管理等市场机制作用，形成政府和市场两手发力的新局面。

10. 交通运输碳排放核算边界与方法是什么？

交通运输碳排放为交通运输工具和交通基础设施（公路客运站、公路货运枢纽、机场、火车站、港口等，以下简称枢纽）在运行过程中产生的二氧化碳排放。核算边界可分为全社会交通运输碳排放和营运性交通运输碳排放两种口径。其中，全社会交通运输碳排放包含全社会公路、水路、铁路、民航运输工具及交通基础设施（枢纽）产生的二氧化碳；营运性交通运输碳排放包含营业性公路、水路、铁路、民航运输工具及交通基础设施（枢纽）产生的二氧化碳。两者主要区别在于全社会口径包含了不以营运为目的的运输工具产生的二氧化碳排放，如私家车、私人摩托车、单位用车、非营运货车等。

核算方法主要包括周转量法、保有量法和能耗总量法。周转量法为已知周转量和单位周转量排放，推算排放总量；保有量法为已知车船保有量、单位里程排放和平均行驶里程，推算排放总量；能耗总量法为已知分燃料类型能源消耗量，推算排放总量。三种方法基本原理易于理解，但数据获取难度和数据清洗处理工作量较大。因此，在进行核算时，需要采取相对可靠的原始数据，并对原始数据进行筛查清洗和处理，才可进行相关应用和计算。

为做好公路水路运输碳排放核算工作，交通运输部组织编制了《公路水路行业营业性运输工具二氧化碳排放强度核算方法（试行）（征求意见稿）》。核算方法明确了公路水路行业碳排放核算范围、核算方法及核算数据选用标准。公路水路碳排放核算边界为：注册在本行政区域范围内的公路水路运输行业营业性交通运输工具产生的二氧化碳排放总量及其对应强度。不包括：远洋运输船舶产生的二氧化碳排放；不包括使用电力、热力等间接二氧化碳排放。

针对公路水路行业现有数据基础，各子行业核算方法优先级如下：一是公路运输，公路客运行业碳排放核算优先使用碳排放强度法，在具备更精细化管理的前提下，可替代使用能耗总量法。公路货运行业碳排放核算优先采用碳排放强度法。在保有量法测算的强度结果与碳排放强度法测算的强度结果吻合情况下，可替代使用保有量法推算。二是水路运输，水路客运行业碳排放核算优先使用碳排放强度法。在具备更精细化管理的前提下，可替代使用能耗总量法。水路货运行业碳排放核算优先使用碳排放强度法。对于《船舶能耗数据和碳强度管理办法》实施效果好的地区，可替代使用能耗总量法。

二、关键领域

（一）基础设施

11. 交通基础设施碳排放的来源主要有哪些？

交通基础设施碳排放伴随着建设、运营和养护阶段大量建筑材料及化石能源消耗而产生。在建设阶段，主要机械以汽油、柴油和电力等作为能源，在机械设备挖掘、装载、运输等作业过程，以及路面混合料设备拌和、摊铺、碾压等过程中消耗大量能源从而产生二氧化碳排放。建筑材料及化石能源的运输、堆放、加工、处理、存储、配发等环节也会消耗能源、排放大量的二氧化碳。在运营养护阶段，照明、通风、采暖制冷、工作生活等正常运营活动以及运输、巡查和监测活动也会消耗能源排放二氧化碳；养护过程中材料的生产和运输过程、养护机械设备的搬运和使用过程都会造成能源消耗排放二氧化碳。

12. 为什么要开展交通基础设施生命周期碳排放核算与评价？

交通基础设施建设过程消耗大量的建筑材料和化石能源，是交通运输碳排放管理的重要方面。

从国际经验来看，生命周期碳排放核算评价是节能减排管理的核心，也是目前国内外各个行业开展节能减排管理的重要决策工具。生命周期理论为交通基础设施减排提供了一种行业外部碳排放内部化的思路，从而对行业内外绿色设计和制造的节能减排效果进行量化反馈，能够有效避免行业间碳转移。

通过生命周期碳排放核算，从源头和过程分析碳排放来源，有助于全面客观量化、评估交通基础设施行业碳排放水平及减排潜力，支撑交通基础设施整个生命周期各个阶段减排决策，为行业开展碳评价、制定全过程精细化管理对策提供决策依据。

13. "双碳"目标下公路绿色低碳发展面临哪些挑战和问题？

《国务院关于印发 2030 年前碳达峰行动方案的通知》提出，

要加快绿色交通基础设施建设,将绿色低碳理念贯穿于交通基础设施规划、建设、运营和维护全过程,降低全生命周期能耗和碳排放。国家发展改革委、交通运输部印发的《国家公路网规划》提出"推进绿色低碳发展"的实施要求,明确将生态保护、绿色低碳理念贯穿公路规划、设计、建设、运营、管理、养护等全过程、各环节,降低全寿命周期资源能源消耗和碳排放。交通运输部印发的《绿色交通"十四五"发展规划》提出坚持以推动交通运输节能降碳为重点,协同推进交通运输高质量发展和生态环境高水平保护。这就要求公路基础设施以绿色低碳为目标,全生命周期统筹兼顾、整体施策培育一批低能耗、低排放的新技术、新模式。

"十三五"以来,我国全面深入推进绿色公路建设,取得了积极的成效,但长期以来,公路基础设施碳排放缺少基础数据积累和研究,无法有效支撑工程规划、设计、施工、运营和养护过程中以低碳为目标的决策和管理,仍然存在技术措施零散、管理手段粗放的问题,需要从公路全生命周期节能降碳的角度考虑,进一步开展节能降碳技术的系统集成应用,推进节能降碳精细化管理。

14. "双碳"目标下开展绿色低碳公路基础设施建设有哪些路径?

"双碳"目标下公路基础设施应围绕"减碳"和"增汇"这两条根本路径开展。

一是建立公路基础设施碳排放监测核算方法,开展本底调查,建立台账,厘清公路行业碳排放家底,为实现碳达峰碳中和目标的科学决策提供数据支撑。

二是健全低碳管理。建立健全公路建设项目碳评价管理、低碳招标、碳排放动态评估、技术产品节能降碳评估与认证等管理制度，形成全链条低碳管理体系。

三是强化创新支撑。围绕内部"减碳"和外部"增汇"，开展公路基础设施全生命周期节能降碳关键技术、路域生态系统增汇潜力提升技术攻关，构建节能降碳核心技术体系与标准体系。

四是发挥示范引领作用。选取资源环境条件好、建设基础好的区域先行谋划一批示范效应好、带动能力强的建设项目开展"低碳公路"试点建设，打造示范样板，形成一批可复制、可推广的经验。

(二) 运输装备

15. 运输工具电气化替代发展的整体思路是什么？

运输工具电气化替代是一项系统工程，需调动社会各方的参与热情，多方面形成发展合力，同时也要逐步有序推进，找准突破口，从"小切口"做好运输工具电气化替代"大文章"，继续利用试点示范等载体，加强政策引导，加大技术支持、运营补助和路权保障，在城市交通、城市配送、枢纽集疏运等特定场景加大电动汽车、燃料电池车辆的应用比例。

同时，交通运输行业应加强"三个注重"，为新能源车辆创造更好的使用环境。一是要注重完善新能源车辆的配套设施。交通运输行业应加快推进新能源充电、换电、加氢、维修等设施建设，满足新能源车辆的使用需求。二是要注重消除社会大众的安全顾虑。交通运输行业应督促指导各运输企业加强新能源车辆运营监测和风险隐患排查，及时消除安全隐患，确保运营安全。三是要注重结合技术交叉融合的发展趋势。交通运输行业应把握电动化、网联化、智能化互融协同新方向，积极稳妥推进新能源智能网联汽车在各个领域的应用发展。

16. 运输工具在实现能源利用效率提升方面的基础是什么？措施有哪些？

运输工具能源利用效率的提升主要通过提升运输工具的节能减排技术、淘汰老旧交通运输工具和发展新能源交通运输工具来实现。

提升运输工具的节能减排技术方面。引导交通运输工具减排技术发展，可有效降低交通行业的碳排放量，包括汽车、船舶、火车、飞机、地铁等。当前，我国汽车技术状况与发达国家相比还比较落后，中国乘用车平均油耗比欧洲标准高 1.0~2.0 升，比日本高 2.0~3.0 升。车辆减排技术水平主要体现在发动机、车身重量、附属设备耗能和制动能耗回收等方面，主要包括提高行驶效率和发动机高性能化。

一是提高行驶效率，主要包括：减小行驶阻力，即通过改进车身形状、改善通用件结构减小空气阻力、通过改进轮胎减小滚动阻力；使车身轻量化，即尽量使用轻型材料，使构成部件、附属器等轻量化，使辅机、电气设备轻型化，推广轻型设计技术等；提高驱动系统，即利用优质轴承提高驱动系统的传动效率，应用机械式自动变速器（Automated Manual Transmissions，AMT）等高效变速器改进变速装置等。

二是发动机高性能化，主要指改进现有发动机，包括：提高热效率，即高温化、改善燃烧、减少冷却损失；改善部分符合效能，即可变气门正时、可变排气量等；提高机械效率，即降低运转部件的摩擦损失和驱动辅机的损失；采用电子控制实现最优化，即微机控制。

淘汰老旧交通运输工具方面。通过提高燃油车船能效标准，健全交通运输装备能效标识制度，加快淘汰高耗能高排放老旧车船。

发展新能源交通运输工具方面。未来将加强与能源、装备制造等行业的技术需求对接，开展交通电动化技术装备、氢燃料电池车辆及船舶技术、铁路能源系统及牵引供电创新关键技术、航空器绿色化与适航运维技术等研究。突破中重型货车长续航里程动力电池技术与动态无线充电技术，创新发展适应多式联运的车辆装备，研究船用甲醇、氨、生物质能等燃料动力技术，研发港口装备能效优化技术、船舶新型节能材料、低能耗升船机等新材料新装备，突破航运、航空领域运输工具能效提升关键技术瓶颈。

17. 城市客运领域电动化有哪些进展和举措？

国家提出"双碳"目标以来，推动交通动力低碳替代已成为城市客运领域的主要减碳手段。车辆电动化具有显著的减排效果，即使将电力间接排放计算在内，按照中国现有电力清洁化水平，总体减排率为 40%～60%。我国已成为全球最大新能源汽车市场，交通运输行业是新能源汽车推广应用的大户，也是先驱者。公交、出租等城市客运领域，一直是交通运输行业新能源化的关键阵地。"十三五"时期,城市公交、出租汽车(包括巡游出租汽车和网约车)等领域持续加大推广力度,取得了突破性进展,新能源营运车辆保有量是"十三五"初期的8倍。截至2020年,交通运输行业已推广应用近160万辆新能源汽车,其中,新能源城市公交车46.6万辆、新能源出租汽车近54万辆。目前我国新能源公交车应用规模和比例已处于国际领先地位,相比之下,新能源出租汽车推广速度还需加强,出租汽车新能源占比提升潜力仍然巨大。我国36个直辖市、计划单列市、省会城市中,有29个城市投用纯电动巡游出租汽车,各地因地制宜设计了不同巡游出租车电动化方案,太原和深圳实现了出租汽车全部电动化。网约车新能源化已经成为出行市场的必然趋势,全国有200多个城市出台了网约车新政,其中80余个城市明确对新能源车辆的准入作出要求,深圳、昆明等城市进一步明确了燃油网约车退市时间。总体来看,行业应用成效显著,以纯电动公交车为例,根据典型城市调研,全国平均日运营里程从2016年的90多公里稳步增长到2019年的130多公里,新能源汽车推广应用已进入高质量发展阶段。

重视顶层设计引导。《国务院关于印发"十四五"现代综合交通运输体系发展规划的通知》(国发〔2021〕27号)中提出,百万人口以上城市(严寒地区除外)新增或更新地面公交、城市物流配送、邮政快递、出租、公务、环卫等车辆中电动车辆比例不低于80%。《绿色交通"十四五"发展规划》提出"到2025年,全国城市公交、出租汽车(含网约车)占比分别为72%、35%"。

强化示范工程引领。依托国家公交都市建设、绿色出行创建行动等载体,将新增和更新城市公交车中新能源汽车占比纳入创建指标和任务，选择基础条件较好的城市先行先试，形成示范效应。

加强充电网络支撑。 实施绿色出行"续航工程"，推动在重要城市群、都市圈等重点区域高速公路服务区、公路水路客运枢纽等交通运输服务场站建设充电桩、充电站，配合相关部门不断完善城市公共充电服务网络，提升电动汽车充电便利性。

18. 氢燃料电池货车的发展情况是怎样的？

近几年，我国氢燃料电池汽车发展取得了显著成绩，特别是在财政部、工信部等五部委联合发起城市群氢燃料电池汽车示范应用之后，氢燃料电池汽车的示范运营进入快速发展阶段。我国氢燃料电池汽车的应用以商用车为主，包括客车和货车。根据新能源汽车国家监测与管理平台发布的数据，截至2022年4月底，接入平台的氢燃料电池汽车共8198辆，其中客车4241辆，占比为51.73%；货车3945辆，占比为48.12%；乘用车12辆，占比为0.15%。

根据全国道路货运车辆公共监管与服务平台的数据，目前社会关注度较高的氢燃料电池货车的平台接入量达到1257辆，约占同期氢燃料电池汽车总量的12%。其中，轻型货车4辆，中型货车7辆，重型货车1246辆。可见，在货车应用方面，国内以氢燃料电池重型货车为主。其主要车型为49吨重型卡车（以下简称重卡）、18吨冷藏车和31吨自卸车，集中于京津冀、山东省和广东省等地区，主要用于短途货物运输和冷链物流领域，在可实现商业化运营的城际干线物流场景中应用还比较少。

目前，氢燃料电池汽车在交通运输行业的推广应用仍然存在一些障碍：一是顶层设计不够强，存在政策缺口。如氢燃料电池汽车在交通运输行业的推广应用、加氢站等配套设施的发展均缺少行业顶层政策支持。二是技术检测体系不健全，标准不完善。如氢燃料电池汽车的技术检测体系不健全，科学使用维护标准尚未制定；加氢站的安全运营标准尚不完善。三是经营成本太高，难以实现市场化应用。经营成本包括车辆购置成本、运营成本，以及更换电堆等设备会增加的成本费用。四是加氢站等配套设施及检测维修网络不完善，导致加氢和检测维修均不方便。

氢燃料电池汽车或将成为推动公路货运实现绿色发展的重要途径，需要给予高度重视，尽早进行技术储备与行业应用示范。在行业层面，可考虑以下四个方面加强管理：一是加强顶层设计，制定宏观支持政策。研究制定氢燃料电池汽车在交通运输行业示范应用的指导性文件，以及加快推进加氢站建设的支持政策。二是加强与相关部委的沟通协调，加快推动氢燃料电池汽车应用、加氢站安全运营等标准制修订工作。三是研究制定氢燃料电池汽车道路通行费、停车费等费用减免等鼓励性政策，联合财政部、工信部等部委发布关于氢燃料电池汽车运营、加氢站建设及运营方面的补贴政策，形成氢燃料电池汽车运营成本的绝对优势，加大推广应用力度。四是开展"氢能高速廊道"试点示范，推动形成氢燃料电池中重型货车应用的典型案例。

19. 引导鼓励慢行交通出行对减碳降碳作用体现在哪些方面？效果如何？

慢行交通（包括步行和自行车交通）是可持续交通发展的核心，已经成为国际性广泛共识。2018年，联合国大会通过决议确定每年 6 月 3 日为骑行日,并提出自行车是交通可持续发展的象征。世界范围大量实践和研究证明,慢行交通尤其是自行车交通在推动全球可持续发展中起到了重要的作用。

一是步行和自行车交通本身为零碳交通方式,同时也是控制和制约小汽车发展的重要抓手和关键因素。城市交通碳排放中,小汽车占比最高,伦敦达到 60.1%,纽约则高达 84%。各国研究显示,通过改善步行和自行车出行环境,有效减少了小汽车的交通量,并且提高了出租车和公共交通的运转效率。据欧盟国家统计,每年通过骑自行车减少排放量超过 1600 万吨二氧化碳当量。英国有研究提出,对于达到净零排放,发展自行车交通比发展电动汽车重要 10 倍。

二是慢行交通发展能够缓解交通拥堵,提高社会运行效率,降低运行成本。据估计,欧盟国家每年交通拥堵造成的经济损失超过 2400 亿欧元,几乎占欧盟生产总值的 2%。促进步行和自行车交通发展,可以有效地提高公共交通的运行效率,减少小汽车交通量,显著缓解交通拥堵问题。在人口密集区域,自行车交通往往是最快的交通方式。研究显示,在 1 小时内、3.5 米宽道路,能够通过的自行车数量是汽车的 7 倍;4 至 5 公里范围,自行车是最为快捷高效的交通工具,如果使用电动自行车,这个范围可以扩大到 10 公里左右。荷兰的自行车专用路系统,每年可减少消耗在拥堵中的时间 380 万小时。北京首条自行车专用道建成后,上地和回龙观两地 6.5 公里,各类交通方式中自行车通勤时间最短,并且把两地通勤时长缩短了 30% 左右。

三是大幅降低城市建设、运营和民众生活成本。慢行交通基础设施的建设和维护成本,以及自行车的使用维护费用都比小汽车少很多。有关哥本哈根的研究显示，自行车交通每行驶1公里产生社会净收益为0.21美元，而汽车每行驶1公里净损失0.12美元。步行和自行车无疑是成本最小的出行方式，骑自行车比开车便宜70%。同时，生活在慢行交通出行占比高的城市，生活和通勤距离、时长都相对减小，都代表着生活成本的降低。

（三）运输结构

20. 低碳交通运输结构对实现交通绿色低碳转型发展目标有什么作用？

2022年我国全社会营业性客运量中，公路占比63.5%、铁路占比29.9%、水路和民航占比6.6%；2022年我国全社会营业性货运量中，公路占比73.3%、铁路占比9.8%、水路和民航占比16.91%。

与公路运输相比，铁路和水运运输低能耗、低排放的优势明显。从单位货物周转角度来看，公路运输的能耗和污染物排放量分别是铁路运输的7倍和13倍，铁路每增加1亿吨货运量，可比公路完成同等运量节省能耗约110万吨标准煤，减少二氧化碳排放约270.6万吨，节能减排效果非常明显。目前，我国货物运输结构调整已经取得阶段性成效，2017—2021年，全国铁路和水运货运量分别增长29.4%和23.4%，远高于整体货物运输量10.3%的增速。但是，公路仍然是主要的货运运输方式，"十四五"期间，我国需持续强化运输结构调整。

与美国相比，我国全社会货运量中，公路占比约高出10个百分点、铁路占比约低2个百分点；全社会货运周转量中，公路占比约高出4个百分点、铁路占比约低10个百分点。以京津冀及周边地区为例，公路承担了过多矿石、钢铁、煤炭等大宗货物长距离运输任务，铁矿石疏港90%以上依靠公路运输，铁路运输占比不到10%；北京、河北、山东、辽宁、河南公路货运量占比均超过80%，且公路货运以煤炭、矿石、建材等大宗货物为主。通过运输结构调整优化降低碳排放还有较大的空间，能够加快实现碳达峰。

21. "双碳"目标下运输结构调整的工作思路、方向和举措主要有哪些？

2021年国务院办公厅印发的《推进多式联运发展优化调整运输结构工作方案(2021—2025年)》提出，要大力发展多式联运，推动各种交通运输方式深度融合，进一步优化调整运输结构，提升综合运输效率，降低社会物流成本，促进节能减排降碳。具体措施包括：

完善多式联运骨干通道，加快货运枢纽布局建设，健全港区、园区等集疏运体系；丰富多式联运服务产品，推进运输服务规则衔接，在符合条件的港口试点推进"船边直提"和"抵港直装"模式，培育多式联运市场主体，推进运输服务规则衔接，加大信息资源共享力度；推动大宗物资"公转铁""公转水"，推进京津冀及周边地区、晋陕蒙煤炭主产区运输绿色低碳转型，加快长三角地区、粤港澳大湾区铁水联运、江海联运发展；推广应用标准化运载单元，加强技术装备研发应用，提高技术装备绿色化水平，积极推动新能源和清洁能源车船、航空器应用，加强技术装备研发应用；规范地方铁路、专用铁路、铁路专用线收费，进一步降低使用成本，深化"放管服"改革，持续推动，建立统一开放、竞争有序的运输服务市场等。

将多式联运作为运输结构调整的重要抓手,未来发展潜力巨大。发展多式联运重在提高换装和衔接的效率,"十四五"期间基本形成大宗货物及集装箱中长距离运输以铁路和水路为主的发展格局,全国铁路和水路货运量比2020年分别增长10%和12%左右,集装箱铁水联运量年均增长15%以上。重点区域运输结构显著优化,京津冀及周边地区、长三角地区、粤港澳大湾区等沿海主要港口利用疏港铁路、水路、封闭式皮带廊道、新能源汽车运输大宗货物的比例力争达到80%;晋陕蒙煤炭主产区大型工矿企业中长距离运输(运距500公里以上)的煤炭和焦炭中,铁路运输比例力争达到90%。

22."双碳"目标下多式联运有多大发展空间?

2017年,经国务院同意,《交通运输部等十八个部门关于进一步鼓励开展多式联运工作的通知》(交运发〔2016〕232号),明确了对多式联运主体不增设许可的管理制度、多式联运软硬环境建设的总体要求、多式联运企业创新发展的政策导向、多式联运技术进步的重点任务、多式联运内外协同发展的主攻方向。截至2021年,全国前三批70个多式联运示范工程完成集装箱多式联运量约620万标准箱;全国港口完成集装箱铁水联运量687万标准箱,同比增长29.6%。

目前,多式联运发展不断向好,发展导向由量到质。《国家综合立体交通网规划纲要》明确提出2035年实现"多式联运换装1小时完成率90%以上",不再只关注多式联运量,更加重视换装和衔接的效率,有助于打通多式联运衔接的"最后一公里"。据统计,2012—2021年,国家铁路完成货物发送量317.2亿吨，较上一个十年增加64.6亿吨；2021年，国家铁路货物发送量、周转量占全社会比重达到7.29%、18.39%，较2012年分别提高0.8个百分点、4个百分点；980条高铁线路推出高铁快递服务，覆盖全国80多座城市；连接西部12省区市的西部陆海新通道已经建立跨省市运输协调机制。

总体来看，多式联运作为结构性减排的重要手段，未来发展前景广阔。交通运输部突出铁路在大宗货物运输中的主导地位，大力提升铁路运输能力，大幅提高浩吉、瓦日等重载铁路综合利用效率，加快敞顶箱运输发展，推进煤炭、矿石等大宗物资"公转铁""散改集"。2021年，完成铁路煤炭发送量19.5亿吨，同比增长8.3%。2021年，我国公路和铁路货物周转量分别为6.9万亿吨公里、3.32万亿吨公里，占比分别为31.7%、15.3%。初步测算，如果公路中长距离运输货物运输向铁路转移10%，则货物运输行业碳排放量将下降约637万吨。

23. 推广高效的货物运输组织模式对实现"双碳"目标有什么意义？

运输过程伴随着能源消耗，高效的运输组织模式能够减少无效、低效运输，提升单位运输效能，充分利用更加绿色的运输方式。完成同等的货物运输任务，运输组织模式的效率越高，消耗能源和碳排放就越少。

在提高运输有效性方面，车辆在运输过程中，存在放空、不满载的情况。以2020年6—7月高速公路统计为例，货车的空驶率为24%，5轴、6轴的货车平均重载率为61.6%。高效的运输组织模式能够实现信息流引导物流组织，提高车辆配货效率、优化车辆行驶路径,减少无效、低效运输产生的碳排放。

在提升运输综合性方面。我国公路运输、铁路运输和水路运输的能耗比约 6.6∶1.5∶1,铁路和水路运输比公路运输的能耗更低、排放更少。近年来,交通运输行业深入推进大宗货物"公转铁""公转水",2021 年全国沿海港口大宗货物公路集疏运量比 2017 年减少超过 4 亿吨,环渤海、长三角地区等 17 个主要港口煤炭集港全部改为铁路和水运;2021 年港口完成集装箱铁水联运量 754 万标箱,比 2017 年翻了一番。高效的运输组织模式能够实现"宜铁则铁、宜公则公、宜水则水",选择更加绿色运输行为,降低全过程的碳排放量。

在提升运输集约性方面。重载列车、双层集装箱列车、汽车列车等运输组织模式更加集约高效,单车运载能力更大。例如朔黄铁路开行一列两万吨重载列车,相当于分流 576 辆公路煤炭重型货车的运能,可减少碳排放约 228 吨,同时运输全程无撒漏、无扬尘,极大地减少了公路运煤造成的超载、污染等问题,重载铁路运输的绿色环保、节能高效等显著优势得到有效发挥,进一步促进了国家能源运输和铁路沿线地方经济社会发展,助力打赢京津冀"蓝天保卫战"。

24. "双碳"目标下绿色出行的重点工作有哪些?

《中共中央 国务院关于完整准确全面贯彻新发展理念做好碳达峰碳中和工作的意见》中提出了要积极引导低碳出行的重点任务。交通运输部等十二部门和单位联合制定了《绿色出行行动计划(2019—2022 年)》,明确了绿色出行的重点工作内容。交通运输部和国家发展改革委联合开展绿色出行创建行动,全国超过

100个城市参加创建，供给结构加速优化，绿色出行服务水平稳步提升。"十四五"期间，将继续遴选确定50个左右城市开展国家公交都市创建，重点创建100个左右绿色出行城市。

构建完善综合运输服务网络。优化城市道路网络配置，树立"窄路密网"的城市道路布局理念，打通道路微循环，建立快速路、主次干路和支路级配合理、适宜绿色出行的城市道路网络。加强政策支持和统筹规划，不断优化公共交通、步行、自行车等绿色交通路权分配。

大力提升公共交通服务品质。全面推进公交都市建设，构建完善的公共交通服务体系。进一步提高新能源公交车辆比例，扩大无障碍公交车辆更新范围。全面推广手机 App 等信息化设施，为公众提供准确、可靠的来车预报等信息服务。积极拓展定制公交、夜间公交、社区公交等差异化服务。建立与出行服务质量挂钩的价格制度，鼓励企业开展多元化公交服务。

优化慢行交通系统服务。科学建设城市公共自行车系统和停放设施。合理增设行人过街通道、行人驻足区、安全岛等立体交通设施。推进自行车道和步行道的路权回归，保障非机动车合理通行路幅，加强公交站点与慢行交通设施衔接。鼓励和规范发展互联网租赁自行车。加强轨道交通站点周边步行道、自行车道环境整治，改善步行和自行车出行体验。

积极培育绿色出行文化。通过组织开展多样化、富有群众参与性的宣传和体验活动，全面推行公共交通乘客委员会和志愿者服务队伍建设，广泛动员全社会积极参与到绿色出行行动中。加强绿色出行、城市交通治理等舆论宣传，合理引导公众预期，持续增强人民群众对选择绿色出行的认同感、获得感和幸福感。

加强绿色出行方式保障。建立健全绿色出行政策支持体系，强化财政、金融、税收、土地、投资、保险等方面的政策组合和支撑保障。鼓励各地结合实际制定出台相关政策、法规和标准规范，研究建立绿色出行碳普惠机制。

25. 国家综合货运枢纽补链强链对货运领域深度减排有什么作用？

《国家综合立体交通网规划纲要》和《现代综合交通枢纽体系"十四五"发展规划》在全国布局了20个国际性综合交通枢纽和80个全国性综合交通枢纽。国际性和全国性综合交通枢纽往往是货运物流活动的关键组织中枢和主要作业场所，以1/4左右的城市数量占比完成了全国近70%的货运量规模，在促进物流集约发展、优化运输用能结构中发挥着关键作用，是货运领域降低碳排放的主阵地。目前，综合货运枢纽普遍实现了物理空间集聚，但对枢纽内资源、业务的整合力度和信息化手段应用仍然不足，存在"集而不约"的现象，清洁能源装备和供能设施普及率还不高，运输方式仍然高度依赖公路运输。

2022年7月，财政部、交通运输部联合启动了国家综合货运枢纽补链强链工作，支持国家综合交通枢纽城市提升运能利用效率、提升运输服务质量、提升运营机制一体化水平。其中，将"促进节能降碳"作为"规则标准及服务软联通"的主要内容之一、"绿色低碳发展"作为"综合效益"绩效评价的重要要点之一。2022年9月，交通运输部公布了首批国家综合货运枢纽补链强链城市名单，共9个方案15个城市。在政策引导下，首批支持的城市均在进一步完善多式联运设施、推进绿色货运组织、推广清洁能源应用等方面谋划了一系列务实举措，积极探索低碳货运发展道路。2023—2024年，财政部、交通运输部还将再支持两批国家综合货运枢纽补链强链城市，充分发挥综合货运枢纽城市在运输结构调整中的导流作用、在组织模式创新中的载体作用、在清洁能源应用中的保障作用，并形成"领头雁"效应，引领货运领域深度降碳。

26. 水运绿色低碳发展的基础是什么？路径有哪些？

水运是综合交通运输体系中的重要组成部分，承担了我国90%以上外贸货物的运输工作，在保障国民经济发展的同时，也消耗了大量化石能源，排放了大量二氧化碳。

截至2022年末，我国拥有水上运输船舶12.19万艘，比上年末减少0.4万艘；净载质量2.98亿吨，增加0.13亿吨；集装箱箱位298.72万标准箱，增加10.29万标准箱。全年完成货运量85.54亿吨，增长3.8%，完成货物周转量121003.14亿吨公里、增长4.7%。根据王庆一《2020能源数据》，2018年水路运输消耗2730万吨燃料油和柴油；2019年消耗2870万吨燃料油和柴油，能耗年增速为5.1%。

水运低碳发展的总体思路应以调整能源消费结构和提高交通装备能效为核心，通过优化船队结构、提升清洁能源和可再生能源装备比例、推进节能低碳技术应用、提升航运组织管理水平以及积极开展碳捕集技术开发等措施，大幅度降低碳排放，抵减碳足迹，实现"双碳"目标。主要路径包括：

优化船队结构。优化船队结构是结构性减碳的重要手段，推进船队结构调整，淘汰老旧运力，引导船舶大型化、专业化及标准化发展对于船舶节能减排具有重要意义。以沿海省际液货危险品船为例，截至2021年年底，油船、化学品船和液化气船的老旧船舶(船龄12年以上)的比例分别为38.3%、47.5%和50.7%，占比较高，老旧船舶能耗高，二氧化碳排放也高，因此应加快老旧船舶更新改造，淘汰高能耗、高排放老旧船舶。

提升清洁能源和可再生能源装备比例。根据国内外关于船舶清洁和可再生燃料动力系统的研究与应用情况，目前主要有LNG、甲醇、氨、氢发动机动力系统以及纯电池动力系统和燃料电池动力系统，此外还有混合动力系统。对于远洋、沿海、内河不同航行区域的船舶，其碳减排技术路线存在差异。远洋船舶可应用的清洁能源新能源动力系统包括LNG/甲醇低碳动力系统(匹配尾气处理装置)、氨发动机动力系统以及LNG、甲醇、氨燃料电池动力系统；沿海及内河船舶，除了以上远洋船舶适用的之外，还可以采用纯电池动力系统和燃料电池混合动力系统。2030年之前，远洋船舶要取得动力系统的变革比较难，应将重点放在效率提升、辅助系统和推进系统的节能技术，此外还可以考虑碳捕集技术的应用。沿海和内河船舶可尝试采用纯电池、燃料电池、超级电容、油电、气电混合动力系统等。各种船舶燃料动力系统技术的发展目前还都不太成熟，存在一些问题，未来采用什么样的低碳、零碳能源替代现有船舶燃料还要看具体的技术发展、产业链和供应链等完善情况，多种能源混合、互补存在较大的可能。

提高交通装备能效。清洁、高效、可持续发展的新能源动力推进技术固然是绿色船舶的重要发展方向，但在当前各项技术尚未成熟的形势下，积极采用节能低碳技术，提高能效是主要的措施手段。对于已投入运营的船舶，可考虑加装桨前导流鳍、补偿导管、前置固定导轮等船舶单项附体节能装置；采用新型船舶防污涂料，减少船体航行阻力；采用气象导航、优选最佳航线；航行过程中采用经济航速等手段，达到降低船舶单耗的目的。对于新造船舶及新购置的二手船舶，应实施船舶燃料限值标准，控制新增船舶运力的能耗水平，避免高能耗船舶进入营运市场。

提升航运组织管理水平。航运组织的优化有利于船舶运输效率的提升，应鼓励航运企业兼并、重组，提高航运企业集团化、规模化、集约化水平，从而提高运输组织水平，并利用信息化手段，建立物流服务信息平台，实时发布运输需求信息，提高船舶实载率，通过船队数字化改造和投入新的智能船舶，加快船舶数据收集，开发相关能效模块，提高单船营运效率，降低单位载质量航程的碳排放。

三、重点举措

27. "双碳"目标下营运性道路运输领域深度减排路径有哪些？

道路货运的脱碳过程也是行业管理部门治理能力现代化的过程，要打破带有计划经济色彩的行业要素管理思维，不再把"车"和"运输"画等号，从在行业责任范围内的"管"车，转为运输业务场景范围内的"管"运输行为，以契合当前及未来高度个性化、碎片化的社会，以及数字经济、平台经济的发展需求。

结构性深度减排。一是发挥铁路在陆路运输的骨干作用。我国铁路货运电气化率目前仅约50%，提升货运铁路复线率和电气化率，能够创造规模可观的降碳空间。二是高质量发展多式联运。完善综合货运枢纽布局建设，积极引导铁路接进港口的码头后方堆场、公路货运枢纽的甩挂中转库，支持货物跨方式直取换装、越库作业，减少公路短驳、倒装。三是合理引导客货分离。支持有需求、有条件的干线铁路和高速公路客货分线分流，既实现货车经济速度、降低油耗，又避免货车对客车的纵向干扰。

技术性深度减排。一是大力推广新能源车辆。对新能源货车的购置、通行、年审、保险等方面给予系统性优惠支持，鼓励线路相对固定的场景大规模应用新能源货车。二是完善新能源车辆充能设施网。合理布局分布式发电与灵活充放电相结合的绿色能源系统，提高新能源车辆充（换）电设施、加氢设施覆盖密度。三是加强对货车碳排放的技术监测。支持市场主体对车辆排气后处理系统进行改造升级，加强对污染控制装置的安装、使用情况进行监管。

组织性深度减排。一是推广先进组织模式。加快发展甩挂运输、接驳运输、公路班车、卡车航班、多点配送等运输组织方式，提高车辆利用率。二是有序发展网络货运等新业态。进一步完善网络货运制度体系，进一步提高货车的里程利用率和装载利用率，并引导网络货运等新业态对新能源车辆给予优先配货保障。三是优化市场主体结构。适度地调整道路货运企业的准入门槛，支持道路货运市场主体集约化发展，形成龙头企业引领带动、中小微企业协同发展的市场主体结构。

制度性深度减排。一是健全碳排放统计监测机制。利用道路遥感监测系统、路检路查系统、车辆年检远程审查系统等监管数据和平台型企业大数据，通过政企合作，建立碳排放统计监测机制，为道路货运脱碳提供数据保障。二是建立碳排放车辆信息档案。构建互联互通、共建共享的道路货运环境监管平台。三是完善碳交易市场。探索建设全国统一的道路货运碳交易体系，支持金融机构参与碳交易市场，推进碳金融产品的创新。

28. （近）零碳高速公路服务区的实现路径有哪些？

（近）零碳高速公路服务区建设应遵循被动节能、高效能源配置及可再生利用为主、服务区碳汇为辅原则，以全寿命周期最低成本为重要指标，实现技术可行、经济合理、安全可靠。

一是在建筑节能方面，借鉴被动式超低能耗建筑设计理念、降低建筑本体能源消耗。优先采用被动节能技术，服务区综合楼等建筑设计充分利用天然采光和自然通风，采用提高围护结构热工性能等技术，选用低碳建筑材料，应用高效照明、空调设备等，从源头降低服务区的用能需求。

二是在新能源利用方面，结合自身资源、建设条件，因地制宜地选择合适的多能互补模式，常规的如采用光伏、光热、配合空气源热泵、地源热泵等使用，也可配置蓄电、蓄冷、蓄热等技术实现全天内全年内的能源自给自足，实现多能协同供应和新能源综合梯级利用，最大化减少服务区对传统电能的依赖。针对终端用能需求，探索应用智慧节能控制系统，提高能源利用效率。

三是在植被绿化方面，充分利用不同的立地条件，拓展立体绿化，筛选固碳能力强的园林绿化植物，吸收和抵消服务区运营能源消耗产生的碳排放。

29. （近）零碳综合客运枢纽的实现路径有哪些？

综合客运枢纽承担了多样化的城市职能，发挥着对人流的集聚效应，是绿色交通体系中的关键节点，作为多种运输方式结合体，通常枢纽的建筑体量、能耗量、排放量均较大。综合客运枢纽要实现近零碳目标，一方面应着眼于应用低碳技术、推进能源革命减少客运枢纽碳排放绝对量，另一方面应注重枢纽内部及周边区域绿化情况。具体需要从建筑设施节能减排、枢纽设备能耗绿色低碳、枢纽布局一体化衔接、枢纽运营组织联程高效、增加植被等方面考虑。

在建筑设施节能减排方面，结合枢纽所在当地气候特征与使用模式，在保证旅客舒适度的前提下，通过被动式建筑节能技术和高效主动式建筑节能技术，最大幅度降低枢纽建筑用能需求和能耗。

在枢纽设备能耗绿色低碳方面，采用高效节能设备和智能控制系统，提高建筑用能效率，充分利用太阳能、地热源等可再生能源，实现建筑能源需求的自给自足。

在枢纽布局一体化衔接方面，应坚持一体化规划设计原则，鼓励同站换乘、立体换乘；枢纽内各运输方式功能区的空间布局应符合旅客便捷换乘需求，体现换乘量最大的两种运输方式之间换乘距离或换乘时间最短原则；应加强无障碍建设和改造，建成无障碍环境。

在枢纽运营组织联程高效方面，交通组织方案应科学合理，交通流线设计中应减少出现客流、车流交织点；枢纽应大力发展旅客联程运输，优化安检、取票流程，强化各运输方式间以及和城市交通间有效衔接；应加强先进信息技术应用，提升智慧化水平。

在增加植被方面，通过采取屋面绿化、墙体绿化、景观复层绿化等措施，打造建筑微生态，提高枢纽绿化程度，吸收和抵消枢纽运营能源消耗所产生的碳排放。

30.（近）零碳港口的实现路径有哪些？

（近）零碳港口，是指在港口生产经营活动中，通过采取调整能源消费结构、推进节能低碳技术应用、改进生产工艺组织、加强节能减排管理等措施，提高新能源和可再生能源应用比例和能源利用效率，减少二氧化碳等温室气体的排放，使港口二氧化碳直接排放逐步趋近于零的港口。

（近）零碳港口建设应遵循"统筹兼顾、远近结合，系统谋划、综合施策，因地制宜、结合实际，创新驱动、政策护航"的原则，积极推动港口功能结构优化、集疏运方式和用能结构调整、装卸工艺与设备能效提升、技术体系和制度体系创新，逐步将港口建设成为（近）零碳港口。

"统筹兼顾、远近结合"是指要考虑当前国民经济发展水平，未来港口吞吐量在一段时间内还会持续增长，（近）零碳港口的建设不能以牺牲港口经济发展为代价，同时还要考虑到沿海和内河的区别，不同地域条件的差异等，统筹考虑，远近结合，分批次推进。

"系统谋划、综合施策"是指（近）零碳港口建设是一项系统工程，涉及能源、装备、工艺、材料、信息化等多领域技术措施的集成应用和管理机制的创新实践,包括可再生能源和清洁能源基础设施建设、港口装卸机械的电动化应用、装卸工艺的优化以及智慧能源管理等多方面内容,需要系统设计、谋划。

"因地制宜、结合实际"是指(近)零碳港口建设是一个动态的港口发展转型过程,需要充分结合港口所在地的可再生能源自然禀赋、港口装卸机械的技术进步、港口装卸的货种类型及港口类型等多种因素,全面考量、确定可实现的目标,不宜单一采用"零碳"绝对量指标衡量。

"创新驱动、政策护航"是指港口应依靠技术创新、模式创新、管理创新来驱动(近)零碳港口建设,要出台一系列政策,形成各种制度,为(近)零碳港口建设顺利开展保驾护航。

因此,(近)零碳港口的实现路径主要包括:

一是进行顶层设计,制定绿色低碳规划方案。各级交通(港口)主管部门应针对"双碳"目标要求,层层分解指标,层层制定方案,确定重点工程或行动落实指标,确保形成层层有指标、层层有责任、一级抓一级、层层抓落实的局面。

二是建立联动机制,确保港口基建工作合法合规。各级交通(港口)主管部门应主动与同级规划、环保、国土、安全等政府部门沟通,形成联动工作机制,以便港口企业在规划建设风电装置、氢能装置、储能装置等基础设施时,符合相关法律法规要求,同时也能够保证审批流程顺畅。

三是建立健全港口碳排放标准体系。系统梳理港口碳排放设计、运营标准,制定港口碳排放标准体系,有计划、有步骤地研究制定港口碳排放统计核算标准、港口碳排放设计限值标准、港口碳排放检测评定标准以及相关技术要求、节能操作等方面的标准，进一步完善港口碳排放标准体系。

四是有序整合港口资源，提高岸线利用率。对港口资源进行全面梳理，有计划地整合港口资源，实现货主码头向公共码头转型、传统码头向智慧码头转型、通用码头向专业化码头转型，进一步提高港口岸线利用率。

五是调整港口集疏运方式，降低道路运输集疏运比例。按照"宜水则水""宜路则路""宜铁则铁"的原则，积极引导大宗货物通过水路、铁路方式集疏港；矿石、煤炭等大宗货物的短途转运，宜考虑采用封闭式皮带机运输方式；有条件的地区，集装箱的集疏港也应考虑通过水路运输实现。

六是依靠科技进步，推动港口近零碳化。加大港口燃油机械电动化改造力度，通过技术进步，消除港口电动机械续航时间较短、充电时间较长等缺陷，进一步提高港口电动机械的适应度，以期在2030年，港口用能设备全面实现电动化；在港口开展风光氢储一体化能源系统研发和推广应用工作，提高港口清洁能源和可再生能源电力占比，力争到2030年，全国港口用电中清洁能源和可再生能源的比例达到50%以上。

七是强化政策保障，确保任务落实、目标实现。各级交通（港口）主管部门应加强与同级发改、财政部门沟通、协商，争取各级财政资金支持，降低港口企业在建设"近零碳港口"中的经济负担，提高港口企业参加试点工作的积极性；在制定碳达峰、碳中和相关政策时，各级交通（港口）主管部门应重视上下级部门之间、同级部门之间的政策衔接，最大限度地利用好政策优势，发挥好政策叠加效应。

八是继续有序推广应用岸电技术，提高岸电使用率。出台限期内免收港口船舶岸电使用服务费政策，鼓励电厂及有条件的码头免收船舶岸电使用费用，引导船舶积极使用岸电；督促新建、改建、扩建码头同步开展岸电设施建设，统一岸电接插口标准；强化到港船舶岸电使用监督检查，严格查处具备岸电使用条件船舶靠港期间未按规定使用岸电行为，确实提高岸电使用率。

九是加强碳排放统计监测考核评估体系建设。建立健全完善的统计监测考核评估机制，明确各级交通（港口）主管部门职责，强化统计监测和监督考核，建立年度重点工作进展报告制度、中期跟踪评估机制，定期组织开展第三方评估，每年定期公布各地减碳情况并建立奖惩机制。

31. 分布式光伏发电在公路上应用的形式包括哪些？

根据全国可再生能源发电数据库收集样本统计分析，我国公路分布式光伏项目主要以高速服务区、收费站分布式项目为主，项目数量和装机规模占公路分布式项目的90%、77%，隧道、互通区、边坡分布式光伏项目数量仅占公路分布式项目的7%、2%和1%。在建设开发条件方面，高速服务区、收费站自身能源消耗大、光伏铺设条件较好，其次是铺设面积较大的高速互通区分布式光伏项目，边坡、隧道分布式光伏由于并网条件相对较差、线损较高导致建设数量较少。

由于服务区占地面积和建筑面积都较大，可充分利用服务区的屋顶、绿地、停车棚、边坡等场地空间铺设分布式光伏发电设施。

利用建筑屋面，建设屋面光伏发电系统。服务区内建筑物屋面通常为平屋面及坡屋面两种形式，平屋面光伏组件安装采用固定倾角方式，坡屋面可采用平铺式安装方式。除以上形式外，服务区还可以考虑光伏一体化建筑，使用光伏瓦、光伏玻璃等新材料代替原有建材，使建筑本身成为发电站。

利用绿地空间建设光伏发电系统。可考虑利用服务区内的绿地空间建设光伏系统。在小片绿地可设置光伏树，成片绿地可安装常规固定式的光伏发电系统，须注意适当调高支架高度，避免影响绿地植物的生长。

利用停车区场地空间建设光伏发电系统。小车停车区可建设光伏车棚，在发电的同时还可以起到遮阳等功能；大车停车区因正常通行及停靠要求，不适合设置支架等支撑结构，但可考虑采用大跨度的柔性支架光伏系统。

利用边坡区域。可利用服务区周边边坡坡面安装光伏系统。

32. 如何构建交通运输碳排放统计监测体系？

一是强化量化指标顶层设计，研究建立交通运输碳排放监测指标体系，以目标为导向引领大数据监测体系建设，做到有的放矢。二是夯实交通运输碳排放企业大数据监测基础。构建企业碳排放大数据监测体系、建立低碳交通"领跑者"企业数据直采体系，构建重点排放企业监测网。三是按照摸底清查和长效机制建设同步设计的原则，开展交通运输碳排放专项调查，重点解决货运行业碳排放底数不清的问题。四是"四网一枢纽"加强动态监测工作，包括建立基于活动水平的货车碳排放监测网、货船碳排放监测网、高速公路车流时空碳排放监测网、基础设施碳排放监测网及客货枢纽碳排放监测网。五是充分利用跨行业和社会化大数据资源，形成监测合力。六是健全营运车辆、营运船舶基础数据库,动态监测分能源类型运力结构变化,解决排放源的基数问题,夯实大数据监测底座。

33. 如何建立交通运输碳排放统计监测平台?

按照"夯实数据底座、服务决策应用"要求,探索构建一张统一的大数据监测网、一套权威数、一个智能化核算预测体系、一体化项目管理,积极推进大数据治理中心、大数据分析中心、决策支持中心和知识中心的建设工作,实现交通运输碳排放基础信息的"从无到有"和关键指标的可分析可追溯、可预测可预警。在工作流程和数据传递上做好部省互联互通,推动地方建设交通运输碳排放监测系统,构建区域级碳排放数字化管理体系。

一是建立统一数据底座。推动数据共享交换及融合治理,构建交通运输碳排放数据汇聚中心,形成碳排放数据标准与数据质量管控体系。通过交通运输碳排放相关数据的接入汇聚、清洗治理、质量管控、共享服务等,形成完整的数据治理架构,对所有碳排放业务数据进行编目管理,形成交通运输碳排放数据资产。具体内容包括:搭建交通运输碳排放大数据基础平台,提供数据基础算力,通过部署数据节点,满足交通类业务的实时分析和关联碰撞需求。以云计算、大数据、容器服务等技术为支撑,建设数据资源管理平台,提供数据采集汇聚、清洗、质量监控、元数据管理、数据源管理、数据共享、BI 可视化分析等核心服务。

二是构建大数据分析中心。提供丰富的数据接入管理能力,提供独立、强大的图形化空间数据场景编辑器,支持自由式快速空间数据展示设计,提供丰富的二维展示图层模板。整合多部门的交通运输碳排放相关数据，进行综合展示分析。具体内容包括：建立涉及公路客运、公路货运、水路客运、水路货运、城市公交、出租、城市轨道、城市轮渡、港口等9大行业，涵盖数据总览、能源平衡表、行业分析、企业分析、区域分析、低碳装备、国际对标、数据谱系的8大专题分析系统。

三是建设多维业务应用。构建基于大数据的复杂核算模型，搭建交通运输碳排放核算与预测系统，对分交通运输方式、分燃料类型能耗和排放指标及非营运交通运输能耗和排放指标进行综合处理、核算、分析。具体内容包括：设计开发碳排放核算系统，能够根据业务管理要求和统一核算标准，对交通运输行业城市客运、公路运输、水路运输、港口等各子行业的能源消耗与二氧化碳总量、强度进行现状核算。建设碳排放预测系统，根据不同情景对未来中长期能耗和排放走势进行预测和预警。

34. 交通运输行业绿色标准体系建设有哪些最新进展？

2022年交通运输部发布了《绿色交通标准体系（2022年）》，在编制原则方面：坚持目标导向，全面对接推进交通运输行业绿色发展的目标任务，优化完善适应加快交通强国建设的绿色交通标准体系，充分发挥标准的基础支撑作用。坚持协调衔接，充分体现人与自然和谐共生的理念，强化标准间相互协调、相互补充，推进交通运输降碳、减污、扩绿和可持续发展，提升交通运输绿色治理能力水平。坚持突出重点，在重点领域和关键环节集中发力，加快推进服务"双碳"目标、深入打好污染防治攻坚战的重点标准供给，以点带面实现突破性进展。坚持创新引领，加快科技创新成果转化为标准的进程，促进节能环保新技术、新设备、新材料、新工艺等方面标准的有效供给，保持标准体系建设的适度超前。

标准体系主要包括综合交通运输和公路、水路领域与绿色交通发展直接相关的技术标准和工程建设标准。标准体系包括基础通用标准、节能降碳标准、污染防治标准、生态环境保护修复标准及资源节约集约利用标准等五个部分。其中，基础通用标准包括术语和绿色低碳评价两个方面；节能降碳标准包括新能源与清洁能源应用、能耗能效、碳排放控制、节能设计与管理，以及核算与监测等五个方面；污染防治标准包括大气污染防治、水污染防治、噪声污染防治、固体废弃物处置和船舶污染物综合排放等五个方面；生态环境保护修复标准包括环境保护技术、生态环境修复、防止外来生物入侵和环境保护修复统计与评价等四个方面；资源节约集约利用标准包括污水再生利用和废旧物循环利用两个方面。

标准体系共收录242项绿色交通国家标准和行业标准，包括基础通用标准11项，节能降碳标准101项，污染防治标准78项，生态环境保护修复标准35项，资源节约集约利用标准17项。其中，待制定标准47项，待修订标准44项，包括了行业碳排放核算核查、近零碳交通示范区建设、城市绿色货运配送评估、氢燃料电池公共汽车配置、城市轨道交通绿色运营、水下打捞作业防污染技术等重点标准需求。此外，标准体系还列出了与交通运输行业节能降碳、污染物排放和生态环境保护密切相关的国家标准、生态环境行业标准43项，以促进绿色标准的协同实施。

绿色交通标准体系的修订实施将进一步推动交通运输领域节

能降碳、污染防治、生态环境保护修复、资源节约集约利用方面标准补短板、强弱项、促提升，加快形成绿色低碳运输方式，促进交通与自然和谐发展，为加快建设交通强国提供有力支撑。

35. 认证制度如何推动交通产品低碳发展？

产品在生产制造过程中会消耗大量能源，排放大量温室气体，这种情况与传统的技术、工艺有着密切关系。只有通过技术革新和创新，才能降低能耗和碳排放。

产品生产企业是技术革新与创新的主力军，认证制度能够建立用户单位、认证机构和生产企业共同参与的机制，充分发挥企业创新主力军作用，推动低碳制造技术和生产工艺的发展。认证机构通过技术性手段，引导企业改进技术工艺，降低能耗和碳排放量。汇集业内专家资源、检测资源，利用合格评定技术，对企业开展客观公正科学的评定并保持有效监督，确保企业持续稳定地按照低碳的方式进行生产。用户单位通过采信认证结果提高低碳产品的使用率，间接引导鼓励企业发展交通产品的低碳生产技术工艺。通过这种机制，认证制度还能够减少劣质不环保产品进入市场，规范市场竞争秩序，净化市场竞争环境，淘汰落后产能，助力产业转型升级，为交通运输行业落实国家"双碳"目标提供有力的支持。

36. 财税政策如何聚焦交通运输绿色发展目标？

交通运输绿色发展目标实现需从绿色交通基础设施工程建设的低碳创新、优化调整交通运输结构、加快新能源和清洁能源等技术推广应用、促进运营过程的低碳管理等诸多方面发力。这些方面的推进需要相关交通运输主体投入大量资金或者额外增加投资成本。为积极促进相关交通运输主体开展绿色低碳交通投资具有商业可行性，需要财税和金融政策协同发力，引导构建多元化的交通运输绿色发展投融资机制。

一是鼓励各地政府结合当地实际设立交通运输绿色发展专项财政政策。例如，针对交通项目增加绿色低碳投资后无直接经济效益或者经济效益无法覆盖投资增加的，考虑突出领域和内容的差异性，可采用财政补贴、以奖代补、贴息等方式，积极引导交通运输企业和其他社会资本加大交通项目绿色低碳投资，同时强化绩效评价工作，使财政资金能花到实处。

二是鼓励地方政府探索设立特定领域的税收优惠政策。为积极鼓励各级交通运输企业及其他社会资本加大力度投资绿色低碳交通运输领域，可有针对性设立激励机制，给予企业一定的税收优惠支持政策。

三是鼓励金融机构加大力度开发绿色金融产品、提升绿色金融服务创新，强化金融助力交通运输绿色低碳发展。各级交通运输企业和社会资本应强化与金融机构的合作沟通，通过积极争取绿色信贷、绿色债券、绿色保险等金融产品、创新绿色金融服务，加大对绿色低碳交通项目的支持，降低融资资金成本和融资门槛，有效引导交通运输企业和其他社会资本投入绿色低碳交通，进而逐步实现交通运输领域绿色低碳发展目标。

四是鼓励政府、各级交通运输企业和其他社会资本创新绿色交通投融资模式。通过设立政府引导基金、市场化引导基金、PPP模式、股权投资等模式，鼓励有资金实力、专业技术能力的各级交通运输企业和其他社会资本积极参与绿色低碳交通项目，深挖绿色低碳交通项目的收益潜力，提高绿色低碳交通项目的财务可行性。

37. 科技如何支撑交通运输绿色低碳发展？

"十四五"期间交通需求仍将保持中高速增长，面对我国到2030年二氧化碳排放达到峰值并实现稳中有降的目标，在工业、建筑等领域减排潜力日益收缩的客观条件下，交通行业面临的减排压力更为巨大。科技创新是解决这一难点的核心关键，对"双碳"目标实现起到核心支撑引领作用。

推动新技术赋能基础设施。当前5G技术、人工智能、信息通信、大数据、云计算等技术发展逐渐成熟，应推动智能化技术在交通运输行业应用，促进新技术赋能基础设施。数字化加油加气服务，通过优化能源网络供给和LNG清洁能源替代，促进物流产业降本增效和节能减排作出巨大贡献；大数据整合交通数据资源，连接端、边、云，协同人车路网的信息流转，汇聚多源动态和静态数据，打造智慧交通数据底座，为智慧交通提供数据支撑，同时加强多源数据信息处理能力，提升交通管理控制效率，促进交通流运转，减少资源消耗。

促进交通能源清洁化。交通能源清洁化是促进交通运输行业绿色低碳发展的直接手段，同时也是见效最快的措施之一，应稳步推进交通能源向清洁化转变进程。我国目前累计光伏装机容量已达到3亿千瓦，2021年新增5000万千瓦，光伏能源已不再是未来能源，解决光伏发电系统在公路、铁路、轨道及航空领域等多种场景下的应用问题，提供综合交通绿色能源解决方案，助力交通运输行业零碳发展；打造智慧火力发电，结合人工智能算法等新兴技术，实现对火力发电全过程把握，实时动态调整控制策略，实现能源利用最大化，人力物力最小化；支持行业应对气候变化科技成果入选交通运输重大科技创新成果库，重点推广一批先进成熟的碳减排成套技术，通过研发交通基础设施分布式光伏发电设备及灵活并网技术，开展多种能源互补的交通基础设施与能源系统一体化研究，重点突破分布式可再生能源供给与交通自洽能源系统产用一体化技术，攻克满足公路、铁路、港口、机场等基础设施绿色低碳运维需求的能源融合互补的难题，升级规划理念和方案，发展靠港船舶岸电等能源补给衔接智能决策方案，形成行业应对交通与能源融合的相关标准规范，以此推动各地加快试点示范。

推动新能源车辆发展。新能源车辆的普及从源头上减少了碳排放，极大推动"双碳"目标的实现，应大力支持新能源车辆继续发展。推动提升新能源汽车的通行便利程度，加快构建便利高效、适度超前的新能源补给网络体系，为新能源汽车使用创造有利环境；加速新能源汽车的智能化和共享化应用，推动无人驾驶在公交、消防、出租、物流等领域的应用，开展更多的智能共享汽车使用模式探索，为解决交通领域能源环境问题开辟新路径。

第三部分
实践篇

一、绿色公路

1. 安徽 G42S 无为至岳西段绿色公路示范工程

1）基本情况

G42S 上海至武汉高速公路无为至岳西段（以下简称"无岳高速"）全长 179.526 公里，批复概算投资 190.53 亿元，于 2020 年 9 月正式开工建设，计划 2023 年通车运营。无岳高速同时包含新建和改扩建两种类型，地跨山岭重丘区和平原微丘区，处于水源涵养区、水源保护地、重要湿地等环境敏感区，沿线旅游资源丰富，于 2016 年 5 月被交通运输部列为首批绿色公路典型示范工程。

2）主要做法

一是率先开展能耗统计核算，摸清公路碳排放底数。

建立施工能耗统计体系，建立监督评价考核机制，开发能耗统计信息系统，全面加强能源利用的计量、记录和统计。建立公路建设能耗与碳排放量模型，对无岳高速公路节能减排技术进行生命周期碳排放评价，提出适用于高速公路建设的节能减排技术清单。

二是资源集约循环利用，实现生命周期效益最大化。

通过大标段管理大幅优化内部土方调配，综合利用引江济淮工程弃土 15 万立方米、明堂水库及高山水库扩容清淤土 75 万立方米，节约了土地占用和复垦工程费用，有效地保护了沿线自然生态环境。项目对360万立方米隧道弃渣"吃干榨尽"、变废为宝，除常规应用到路基填料、挡墙防护、便道修筑，还拓展应用到路床级配碎石、水稳集料、路面混合料、改性机制砂，无岳高速公路隧道弃渣综合利用方案见图3-1。改建段路基、路面、桥涵、互通、房建、机电、植物等旧路材料全方位利用。

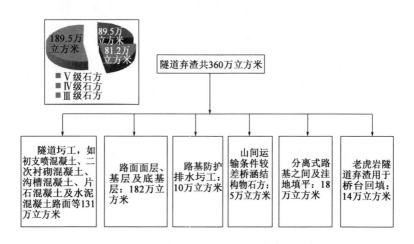

图3-1 无岳高速公路隧道弃渣综合利用方案

三是智慧工业化建造，助力工程建设提质增效。

针对区域特点，因地制宜地选用不同形式的57座钢结构桥梁，发挥全寿命周期成本的比较优势。设立独立预制标段，对标准化程度高的桥梁、通道、涵洞采用工厂化流水线加工制造，进行组拼安装，提高工程质量，加快施工进度。罗埠河大桥BIM（建筑信息模型）+GIS（地理信息系统）信息化管控平台见图3-2，实现建管养一体化管理，显著提升项目进度、质量、流程管理效率。

图 3-2　罗埠河大桥 BIM + GIS 信息化管控平台

四是绿色沥青技术创新，全面降低施工运营碳排放。

采用机械发泡法温拌沥青解决隧道热、烟集聚等问题；提出耐久性沥青路面防治半刚性基层沥青路面裂缝，提高路面使用性能；采用 3D 摊铺机控制系统，自动控制摊铺机熨平板油缸升降等施工，对沥青、水稳层摊铺过程控制，比传统工艺人力减少 40%，摊铺精度提高 30%，工作效率提升 50%；采用节水保湿养护膜替代土工布和塑料薄膜养护，降低施工能耗。3D 智能摊铺设备作业见图 3-3。

图 3-3　3D 智能摊铺设备作业实景图

五是"道法自然"生态恢复,增强路域植被绿化效果。

秉持"生态补偿"理念,种植原生植被,最大限度保护沿线原生环境。提高乔灌木种植比例,科学配置吸收及储存二氧化碳能力强的植物种类。坚持"不破坏就是最大的保护"理念,避免山体大开挖、减少山林树木砍伐,采用"微创整形"方式实现隧道洞口零开挖。在土质及全风化岩质挖方边坡采用农作物秸秆制作的植物纤维毯防护。采取人工干预自然恢复技术,实现公路与自然环境和谐发展。

3)实施效果

一是统筹资源利用,源头减碳收效显著。

新建段充分利用县道 S209、X039 走廊带,与铁路共用线位资源,改扩建段两侧直接拼宽,充分利用了原通道资源,大幅减少新增用地,最大程度减缓对生态环境破坏,从源头上取得了显著的节能减排效果。

二是动态培训交流,绿色低碳理念深入人心。

有计划、有组织地实施多种类型的动态培训,让无岳高速全体参建人员参与到绿色公路示范工作中。目前已开展了 4 批次培训,培训对象遍及全线各参建单位,让绿色低碳公路理念深入人心,有助于绿色文化在公路行业传播、发展。

三是制定标准规范,助力低碳公路转型升级发展。

颁布实施《高疲劳性能高模量沥青混合料设计与施工技术规范》(DB34/T 3839—2021)和《排水降噪型沥青混合料 SMAp 设计与施工技术规范》(DB34/T 3840—2021)两项安徽省地标,正在编制地标《公路生命周期碳排放核算标准》,碳核算方法已动态推广应用到宁安高速公路、宁芜高速公路等后续项目上,充分体现了无岳绿色公路的示范价值，对促进全省绿色公路低碳发展起到引领推动作用。

4）推广建议

一是因地制宜，助力绿色公路建设进入新发展阶段。

无岳高速包含新建和改扩建两种类型，跨越丘陵、平原、盆地、河谷、低山、中山等多元地貌类型，沿线大桥、长隧、高陡边坡、附属设施众多，策划了四类21项的绿色技术体系，具有普适的示范作用。但在"双碳"目标、《交通强国建设纲要》《国家综合立体交通网规划纲要》等新时代要求下，如何结合工程特点、环境特征，量体裁衣、一路一策，选择最适合自己的绿色公路方案，才能让绿色成为公路高质量发展的最亮丽底色。

二是管理创新为绿色低碳发展注入强大动力。

无岳高速PPP(政府和社会资本合作)+大标段管理，有利于总体合理规划，统筹调配内部资源，发挥规模效应。今后应进一步推动公路建设管理模式创新，将绿色公路建设转变为行业自律、地方必选和企业主动行为，助力绿色低碳公路健康、可持续发展。

三是统筹内外资源调配，彰显行业社会担当。

以全生命周期理念为指引，统筹项目规划、设计、施工、运营、养护等全过程的资源占用、能源耗费、环境影响等，实现综合效益最优化。还应跳出行业限制，从提升社会层面绿色发展水平出发，积极消纳周边废弃材料，化临建生产设施为产业发展基地，深入推进公路与旅游、物流等产业融合，为区域高质量发展贡献交通力量。

2. 盘兴绿色公路建设实践

1）基本情况

贵州省盘兴至兴义高速公路（以下简称"盘兴高速"）属于昭安高速公路的南段，是贵州省高速公路网规划"6横7纵8联"中的第七纵。路线地处六盘水市和黔西南州，主线起于沪昆高速公路盘县的海铺，终于汕昆高速公路的兴义东互通，主线路线全长为86.935公里。该公路于2015年4月，被交通运输部列为"创建绿色公路主题性示范项目"。

2）主要做法

盘兴高速路线位于贵州省高原山区，属典型的喀斯特地貌类型区，且线路穿越煤系地层，区域生态环境脆弱敏感，石漠化严重，工程建设难度较大。建设伊始，目标就定位为：体现贵州地域绿色公路特色，以绿色低碳为理念，全过程采用绿色低碳技术，全寿命实现绿色低碳效益，全方位进行绿色低碳管理，全面展示绿色低碳成果，通过一大批节能减排技术、设备、系统的应用，建成一条"绿色、安全、生态环保、景色优美"的绿色公路。主要做法如下：

一是注重绿色低碳规划设计。在规划设计阶段就以全寿命周期作为根本理念，将绿色低碳和环保节约的理念贯彻在规划设计阶段。

（1）科学规划，合理选线。

从规划阶段就深入贯彻全寿命周期的理念，规划的走廊带结合区域发展情况，准确把握技术标准，合理运用技术指标，在线路选择上进行科学比选，精心设计。

(2)注重环保设计。

根据项目沿线社会环境和自然环境的具体情况,采用"高度重视、全面细致、经济适用、便于管养"的环保设计思路,在实际设计过程中把环保因素放在特别突出位置加以考虑,将环保理念贯穿于主体工程设计的全过程。

(3)注重节地设计。

在主体设计中,在满足技术标准的前提下,注重节地设计。主要通过路线方案比选优化和路基改桥梁优化进行节地设计,共实现节地25.58公顷。

(4)注重绿色服务区规划设计。

对有条件的服务区进行开放式多功能生态服务区规划设计。对将来我国高速公路服务区建设模式具有重要示范意义。

二是构建绿色低碳技术支撑项目体系。盘兴高速建设充分体现全寿命周期绿色公路建设理念,紧紧围绕绿色公路建设的发展思路与目标,结合项目特点,开展绿色能源应用、绿色服务区、绿色施工技术应用、智慧公路、绿色环保和资源循环利用、绿色公路能力建设,以及绿色公路建设特色技术应用7大领域,实施34项技术支撑项目(图3-4),针对以下项目特点,构建技术支撑项目体系全面推进盘兴高速建设。

(1)针对西南土石山区特点,充分发挥节能减排技术潜力。

采用施工区集中供电方式,降低建设期能耗;隧道、附属设施房建照明全部采用LED(发生二极管)灯,减少运营能耗,充分体现节能优先的项目特色。

(2)针对西南喀斯特山区气候及地质条件特点,采用安全耐久技术。

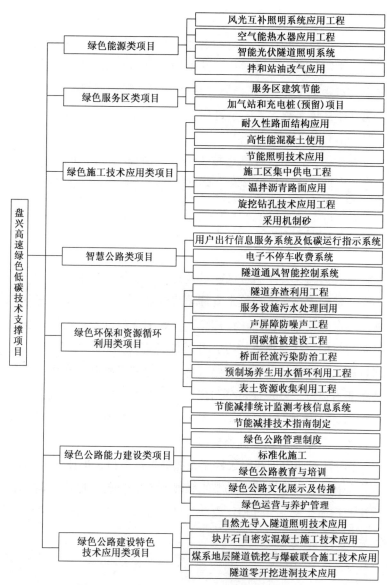

图3-4 盘兴高速绿色低碳技术支撑项目体系框架图

盘兴高速货物运输比例大，工程安全耐久性要求高。实施耐久性路面、高性能混凝土、块片石自密实混凝土等专项工程，体现全寿命周期能耗的理念，突出安全耐久的项目特色。

(3) 针对石漠化现象较为严重的地貌条件特点，注重生态环境保护、资源节约。

盘兴高速区域土壤稀薄、土地资源极其珍贵。实施表土资源收集利用；结合项目隧道弃渣量大的特点，尽量利用分级筛选弃渣，减少占用耕地，突出生态环境保护、资源节约的项目特色。

(4) 针对生态环境敏感脆弱区域生态特点，高标准实施水资源保护项目。

本项目区域生态环境敏感脆弱，实施全线服务区污水处理与回用、典型路段路面径流处理，保护饮用水源地水体安全；加强植被建设，突出绿色环保的项目特色。

(5) 针对穿越煤系地层特殊地质条件，隧道施工采用节能降耗新型施工工艺。

盘兴高速部分路段穿越煤系地层特殊地质，该路段隧道采用煤系地层大断面公路隧道铣挖与爆破联合施工技术等新型工艺施工，突出创新性项目特色。

3) 实施效果

盘兴高速通过创建绿色公路主题性示范项目，形成了一套较为完整的绿色公路建设管理规范与制度体系；总结出了一套可操作性强、技术创新程度高、建设模式新颖的绿色公路建设模式。产生了巨大的生态环境效益和社会效益。

4) 推广建议

贵州盘兴高速以创建绿色公路主题性示范项目为契机，深入贯彻全寿命周期绿色公路建设理念，探索出了一套较为系统全面的绿色公路建设模式，主要经验和实践归纳如下：

（1）项目采用"BOT（建设-经营-转让）+EPC（设计-采购-施工）"建设模式，为全寿命周期绿色公路建设提供了有利平台。

（2）注重绿色低碳规划设计，按照全寿命周期理论，在规划设计阶段深入贯彻绿色低碳和环保节约的理念，为后期绿色公路建设与运营奠定了基础。

（3）针对工程项目特点，突出绿色公路项目特色，系统构建绿色低碳技术支撑项目体系，在建设和运营期全面推进绿色公路建设。

（4）科学配套保障措施，从组织机构、监督管理、宣传培训等方面配套保障措施，为全面落实绿色公路建设内容提供保障。

3. 常温改性沥青筑路技术在新疆、西藏地区的应用实践

1）基本情况

常温改性沥青筑路技术起源于交通运输部科学研究院2011年承担的中央级公益性科研院所基本业务费项目"道路用新型常温沥青改性剂及工程应用"。项目开展了溶剂型常温改性剂的生产及工程应用研究，经过多年实践经验总结形成了常温沥青筑路技术体系。

"常温"主要是相对于热拌、温拌、冷拌而言的，其含义主要是指沥青混合料拌和温度低于普通的热拌或温拌沥青混合料，高于一般的冷拌材料；同时，其集料需要进行加热以除去水分，沥青结合料需在90～100℃进行施工作业，拌和温度又高于一般

的冷拌材料；但常温改性沥青的摊铺及碾压温度又与一般的冷拌材料相当，可以在10~20℃范围内进行摊铺和碾压。常温改性沥青的出现，可以弥补以往水介质常温材料路用性能不良、不适宜全幅摊铺及使用的技术缺陷。该类材料以其显著的技术优势受到越来越多的关注与研究，与传统的热拌沥青混合料和温拌沥青混合料相比，其消耗的能源、释放的有害气体更少，并能在低温和零下温度条件下施工，解决了沥青路面只能在高温季节施工的技术难题，实现了沥青路面在特殊环境（主要是低温）特殊条件（路面周边无热拌站）下的修筑及养护，尤其适用于新疆、西藏等筑路条件特殊的地区。"十三五"期间，在新疆、西藏地区的国省干线、市政道路、农村公路累计铺筑超过2000公里，为当地交通、经济发展发挥了重要作用。

2) 主要做法

(1) 常温改性沥青低温施工专项技术。

开发了常温改性沥青低温施工专项技术，实现了对沥青类材料温度敏感特性的改性，可使沥青混合料在常温条件下拌和、摊铺、碾压，并能在极寒环境温度及高海拔条件下施工作业，对公路工程行业具有革命性影响。典型工程为西藏那曲市嘉黎县农村公路，工程摊铺常温改性沥青路见图3-5。该项目海拔高度为4700~5100米，施工日期为2014年11月下旬—12月中旬，施工气温为-30~0℃。使用后，与同期铺砌普通沥青路面相比，常温改性沥青路面冬季抗温缩裂缝效果明显。

(2) 高掺量厂拌常温再生混合料设计与施工专项技术。

本项目研发的常温沥青再生技术，用常温剂完全替代再生剂，主要解决了三大问题：一是低温作业，消除了二次老化影响，并去除了旧料特殊加热设备的限制；二是原材料中有橡胶类成分，柔软性好，提高了旧料的抗裂性；三是再生料的路用性能得到提高，进而再生沥青混合料（简称 RAP）的掺量可提高到 60%～90%，旧料利用率提高了 2～3 倍，有力促进了废旧资源的循环利用。典型工程为新疆第一兵团第六师 2015 年检羊线大修项目、兵团第六师奇台农场一场五队通连公路大中修项目，废旧 RAP 使用率达到 68%，大幅提升了废旧材料的使用率，见图 3-6。

图 3-5　常温改性沥青在西藏那曲市嘉黎县海拔 4029 米处摊铺

图 3-6　常温改性沥青再生在新疆兵团第六师奇台农场一场五队通连公路大中修项目应用

(3) 超薄罩面用常温改性沥青混合料设计与施工专项技术。

结合我国公路预防性养护的特点,研发出常温改性沥青 1 ~ 1.5 厘米超薄罩面技术。通过调整材料组成和施工工艺,采用普通施工机具进行超薄罩面摊铺,其耐久性、抗裂性、行驶舒适性、经济性均优于常用的预养护措施,有力提高了公路预养护措施的技术水平。此项技术在新疆阿勒泰地区的实际应用见图3-7。

图3-7 常温超薄罩面技术在新疆阿勒泰地区的应用

3) 实施效果

(1) 延长施工周期。常温改性沥青将沥青由温度敏感性变为时间敏感性,可在常温条件下(-40℃以上均可)进行摊铺碾压。较低的施工温度特别适用于冬季漫长、寒冷、干燥的边疆地区使用,可实现冬季施工,缩短工期。

(2) 存储时间长,可远距离运输、摊铺作业。常温改性沥青及沥青混合料,在密闭条件下可存储6个月以上,新疆、西藏地区辽阔,拌和站设置并不密集,非常适合于在边疆地区运输使用。

(3) 低温路用性能优良。常温路面的抗疲劳开裂能力、抗低温开裂能力、抗松散剥落能力较强,耐久性好。

(4) 具有显著的节能减排效果。常温沥青混合料的施工温度比热拌沥青混合料和温拌沥青混合料的还要低，大大节约了在拌和、摊铺、碾压过程中的燃油消耗。同时释放的有害气体更少，有利于环境保护。环评测验结果表明，使用了常温沥青改性剂的每吨常温沥青混合料节省燃油 2.8 千克，折合标准煤 4 千克标准煤。本项目至今共铺筑了 2000 多公里的常温沥青路面，共节省燃油 4300 吨，折合标准煤 6265.53 吨标准煤。

（5）具有抢修、保通重要公路的战略意义。常温改性沥青混合料可以存储，可用在低温、软路基等传统意义中不适宜进行路面施工的环境中，特别是适用于自然灾害、战争等特殊条件下的路面抢修，实现路面的快速修筑、通车，具有一定战略意义，因此适用于边疆地区的国防公路建设或养护应用。

4）推广建议

常温改性沥青筑路技术革新了当前沥青路面低温施工领域的筑路材料，打破了沥青路面只能在高温季节施工的传统观念，实现了在特殊环境（主要是低温）、特殊条件（路面周边无热拌站）下的修筑及养护；为解决旧沥青混合料再生利用率低、易二次老化、抗裂性能差等难题提供了可行的技术措施，有利于推动再生领域材料、装备、工艺等的技术进步；解决了 1~1.5 厘米超薄罩面必须采用专有设备、造价相对较高的难题，引领预养护措施向常温超薄罩面方向发展；形成的关于常温改性沥青筑路技术的标准、工法等规范性文件，在行业内起到技术示范作用，改变了沥青路面高能耗、重污染的施工现状，是低碳、绿色施工的典型和模范。项目研究成果为提高沥青路面耐久性、促进公路工程节能减排等探索了新的解决途径，并具有突出的社会、经济、环保效益，有利于推动科技进步。

二、绿色货运

4. 广州绿色货运配送示范城市创建经验

1) 基本情况

广州市是交通运输部、公安部、商务部确定的全国首批绿色货运配送示范城市,已初步建立"集约、高效、绿色、智能、规范"的城市绿色货运配送体系,为后续发展积累了有益的经验、奠定了较好的基础,具有鲜明的地方特色和较好的推广示范作用。

2) 主要做法

近年来广州市在城市绿色货运的城市配送基础设施、城市配送车辆及配套设施、便利通行政策、先进配送组织模式、信息化建设等方面采取了一系列务实举措,有力推动了城市绿色货运发展。

(1) 加强城市物流配送节点的规划建设。

广州市根据新一轮城市总体规划调整,编制了物流发展布局规划,调整了优化全市物流园区、物流基地、配送中心三级物流节点布局,明确重点支持智能化、信息化水平较高的配送节点建设。同时,注重加强社区末端配送网点规划建设,大力培育、发展邮政"蜜蜂箱""云鸟"等智能末端配送模式,支持社区、学校、写字楼区域等建设快递公共取送点,解决城市"最后一公里"配送难题。此外,结合全市商业网点布局、专业市场等的分布特点，在不占用主干道、不影响交通的前提下，利用道路停车位和现有商超的地下停车场，协调指导设置城市物流配送专用停车位，解决配送车辆停靠难问题。

（2）优化配送车辆通行管控政策。

由广州市交警支队牵头、联合市交通局、市商务局，根据城市中心区车辆流量、流向、流时、货品货类以及城市配送需求，确定了城市配送车辆的通行区域和时段。实行入城货运车辆分类管理，对从事生活必需品配送的企业、从事鲜活农产品和冷藏保鲜产品配送的企业、从事医药品等急需服务的配送企业、使用新能源和清洁能源车辆从事配送业务的企业、开展共同(集中)配送的企业、服务质量信誉考核为 AAA 级的企业等在原限行范围内给予优先通行便利。在《城市配送证》的发放中，同一企业符合条件的货车办理货车通行证时，优先为新能源货车办理。

（3）推进物流新能源车辆推广应用。

广州市出台补贴政策，支持企业购置新能源车。明确新能源车在取得中央财政购车补贴资金后，经审核可获得地方补贴，国家补贴和地方补贴资金总额最高不超过车辆销售价格的 60%。出台《广州市加快推进电动汽车充电基础设施三年行动计划》，加快推进全市充电桩建设，为新能源车推广做好配套。此外，2020 年在广州市交通运输局的支持和指导下，广州物流与供应链协会联合广州立瑞新能源科技有限公司、广州鹏辉股份有限公司等新能源物流车设备及设施厂商共同构建广州市新能源物流车产业联盟，同步筹建了广州市新能源物流车推广中心，为新能源车推广发挥了重要作用(图3-8)。

图 3-8 广州市冷链配送车辆标志标识发布会

(4) 推进城市物流配送先进技术的应用。

广州市 2013 年建设城市物流配送信息管理平台,具有整体监控、车辆定位、跟踪监控、超速驾驶监管、疲劳驾驶监管、配送任务监控、超时停靠监控、限行路段监控、车辆轨迹回放、计划任务管理、配送点管理、配送中心管理功能,能够实时监控城市物流配送车辆停放位置。2018 年开发建设平台二期(图 3-9),新增新能源物流车、冷链专用车、快件自提柜、普货公共仓等监管功能。同步引导城市物流配送重点企业的信息系统与广州城市物流配送监管平台对接,建设城市物流配送大数据平台,优化资源的合理配置,提高物流运作效率。

(5) 创新城市配送运输组织模式。

广州市积极探索利用公共交通资源在非高峰时段开展货物配送,利用公交车进行物流配送,在公交站设立配送网点,先期选取 5 个汽车站场作为试点。同时,因地制宜推动"集中配送""共同配送""夜间配送"等物流配送模式,重点引导城市冷链配送车辆采用共同配送模式,制定城市配送冷链标准。在具备条件的地区探索发展无人机配送等创新模式。

图 3-9 广州城市物流配送监管平台

3）实施效果

三级配送节点网络实现基本覆盖。截至目前，广州市共建设 19 个干支衔接型货运枢纽、56 个公共配送中心、3 万多个城市配送节点（含末端共同配送站 200 多个）。

新能源货车数量快速增长。2017 年底前广州市拥有新能源货车 6471 辆，截至 2020 年 8 月新能源货车拥有量达 24146 辆，累计新增 17675 辆。

新能源充电桩等配套设施加快完善。截至 2020 年 8 月，广州市有充电桩 4 万余台，其中可用于新能源物流配送车辆的充电桩有 28252 台，新能源货车与新能源物流配送车辆的充电桩比约为 1∶1。

配送车辆利用率大幅提高。根据抽样调查，广州主要的大型商超、卖场商品配送采取共同（集中、夜间）配送的占比为 56.7%。由于采用共同配送等组织模式，车辆利用率大幅提高。根据抽样调查，2018 年城市配送车辆平均日单车行驶里程为 184.61 千米，2020 年为 225.39 千米，提高 22.09%。

城市配送节能减排效果初显。根据抽样调查，2018 年广州市城市配送车辆平均百吨公里燃料消耗量为 11.06 升，2020 年为 10.48 升，下降 5.55%。

4）推广建议

广州市绿色货运配送示范工程，在完善城市货运配送网络节点布局、加大新能源配送车辆推广力度、创新组织模式、优化城市配送通行政策、加强信息交互共享等方面均具有可复制推广的相关措施。其中，广州市制定了城市配送证的发放办法，建立了对城市重点物流配送企业的考核评价标准，并明确规定各考核等级下的企业可申领城市配送证的数量，做到通行证发放与城市配送企业服务质量相挂钩。在 2020 年对贡献突出的城市配送企业进行了考核和通报。这些措施具有原创性，且处于领先水平，推广应用价值高。2018 年长沙市派出由交通运输局、商务局、交警等物流相关部门组成的考察组来广州市考察学习。之后，长沙市借鉴《广州市城市物流配送重点企业认定条件指引和考核标准》开展长沙市城市绿色货运配送试点企业申报工作。

5. 深圳西部港区江海联运科技示范工程

1）基本情况

深圳西部港区（以下简称"深西港区"），地处珠江出海口东岸，是珠三角主要枢纽口岸，目前共有集装箱专用深水泊位 19 个，泊位水深超过 -16 米，岸线长度 7170 米。集装箱堆场面积超过 200 公顷，年最大处理能力可达 650 万标准箱，可停靠目前世界上最大的集装箱班轮，服务覆盖美洲、欧洲、地中海、东南亚、北亚、中东、南非及澳洲等国家和地区的大部分主要港口，深西港区总体布局见图 3-10。

图 3-10 深西港区总体布局现状

发达的珠江水系把深圳西部码头与享有"世界工厂"美誉的珠江三角洲货源腹地紧密相连。自 2001 年起，深西港区开始积极探索更高效、更环保的综合物流运输模式，利用该港区位居珠江入海口、与珠江三角洲航道网直接连通，以及驳船批量运输的成本优势，率先开展"陆改水""水水中转"模式，开发了穿梭黄埔、中山、顺德、江门、佛山、南海、番禺、珠海、湛江及茂名等华南地区主要内河港口与深西港区之间的"华南公共驳船快线"，为当地货主提供了一项更为经济、便捷的水路中转服务。自 2001 年发展至今，快线网络已覆盖了华南地区 21 个港口城市，53 个内河及沿海码头，覆盖率达到 97%，共开辟了 45 条定期定班的驳船支线服务及多条不定期的航线。

2) 主要做法

传统的港口组织模式是由工厂负责安排拖车从深圳港提空箱到珠三角工厂装货，再采用拖车运输至深圳码头装大船出口。"陆改水"多式联运模式是由工厂委托公共驳船从深圳港采用驳船通过水路安排空箱到珠三角靠近工厂的内河码头，再由驳船公司安排短途拖车从内河码头拖空箱到工厂装货运输至珠三角码头通过驳船运回深圳码头转大船出口。为提升江海联运组织效率，降低运输成本，提高节能减排水平，深西港区在运输组织、信息服务等方面开展创新实践。

一是创新水路闸口（WGO）组织模式。实现了一单多柜，节约核销单，加快通关速度，节省了运费及报关费。推动海关管理与业务发展协同，开发了 PRD Network "转关无纸化"系统，实现"提前申报、落地放行、零接触"。

二是自主研发了"慧港通"驳船信息服务平台。实现一港报到、船期预报、手机端服务、舱单处理、电子商务等功能，提高了客户服务水平。

三是建立了集装箱运输方式选择模型并实施。

3）实施效果

首先，在报关环节，采用驳船运输可以一单多柜报关，节约核销单，加快通关速度。其次，在操作环节，通过在内河码头设置集装箱外堆场，从而节省货主的仓储成本，装箱时间充裕不产生压架费，驳船运输过程中也不会出现类似陆路运输中的交通堵塞情况。此外，采用 WGO 模式，有利于大船公司服务的延伸以及货源市场的渗透。总体上，WGO 能够通过节省运费及报关费来控制成本，为当地付货人或代理提供新的运输方式选择，成为推进"陆改水"的重要举措。

经过多年努力，深西港区打造了覆盖珠江三角洲的集装箱驳船支线运输服务网络，江海联运驳船作业量由 2003 年的 30 万标准箱上升为 2019 年 210 万标准箱。根据测算，珠江西岸至深西港区采用驳船比采用拖车运输每标准箱油耗降低 80%，驳船比公路拖车价格按照40英尺❶集装箱计算可节约500~1100元。

2017年、2018年和2019年直接节约燃油消耗量分别为41473.6吨、38781.5吨和38103.3吨。节能量分别达到60431吨标准煤、56508吨标准煤和55520.3吨标准煤。经测算实现经济效益12.8亿元、12.0亿元和11.6亿元。

4）推广建议

深西港区江海联运示范项目是2016年交通运输部立项的16个科技示范工程之一，该项目在运输结构调整的背景下，以港口为抓手，以江海联运、海铁联运和智慧化改造为重点，形成了成套科技示范工程方案。项目在江海联运组织模式、信息化平台建设等方面进行了良好实践。

6. 菜鸟网络绿色发展的数智之路

1）基本情况

快递业的迅速发展带来了极大的经济和社会效益，给人们生活带来了极大方便，但与此同时，其带来的环境问题也不容小觑，全行业电商物流纸箱、塑料袋、胶带因尚未形成有效回收和利用，全行业几十万辆配送车辆也产生了大量的污染物排放。为此，快递物流行业绿色化作为生态文明建设的重要组成部分，已受到各级、各界的高度重视。

菜鸟网络科技有限公司（以下简称"菜鸟网络"）成立于2013年，是一家全球化产业互联网公司，也是快递物流行业的龙头企业，长期致力于物流产业的运营、场景、设施和互联网技术深度融合。

---

❶ 1英尺=0.3048米。

生态发展理念贯穿菜鸟网络成长历程,从运营和包装材料等多角度贯穿快递过程全生命周期的节能减排,推动行业提质升级。

2)主要做法

一方面,菜鸟网络在电子面单、装箱算法、智能路径规划等方面加快绿色创新,通过线上科技赋能推动减量化。另一方面,菜鸟网络在推进包装绿色采购、包装标准化、简约包装、可循环利用等方面采取了多项措施,通过线下联动电商与快递实现模式创新,取得了显著成效。

(1)推广标准化电子面单。

菜鸟网络在2014年率先向全行业推广电子面单,制定了电子面单标准,让快递包裹有了"数字身份证",并在快递行业率先推广替代传统纸质五联单,提高配送效率和准确性,节省了大量社会资源。2019年,菜鸟网络联手快递公司对电子面单进行"大瘦身",快递面单面积缩小近一半,并从两联单变为一联单,更加绿色环保(图3-11)。

图3-11 菜鸟新旧电子面单对比图

(2)智能算法推进包装减量。

菜鸟网络自主研发的智能箱型设计和切箱算法,可以选择最优箱型匹配消费者订单,提升纸箱空间利用率,实现减量包装。经测算,此算法可以减少仓内15%的包材使用,是目前行业内最成熟的包装轻量化智能解决方案之一。

(3)制定标准实现包装减量。

2018年,菜鸟网络联合了中华环境保护基金会等公益组织以及我国主要快递公司,共同发布"中国绿色物流研发资助计划",面向全社会征集绿色解决方案。推动了生物基环保快递袋、生物降快递袋、缝纫回收箱、可循环包装箱等多个项目,推动循环回用、减少一次性塑料包装。

(4)菜鸟"回箱计划"。

菜鸟网络在2017年发布了"回箱计划",通过设立绿色共享回收箱搜集废弃快递包装纸箱,倡导"把纸箱留在驿站,让资源循环利用"。目前,绿色回收箱逐渐成为菜鸟驿站的标配,为社会众参与绿色环保提供了更便捷的通道。菜鸟"回箱计划"也成为公众广泛参与的快递纸箱共享行动,培养了社会公众尤其是年轻人垃圾分类、回收利用的习惯。

(5)原发包装促进绿色快递。

结合国家提倡的减少电商快件二次包装的政策导向,菜鸟网络在2018年打通电商平台与快递,推广原箱发货和回收纸箱发货,创新"零"新增包材的快递配送模式。

(6)使用无胶带纸箱。

菜鸟网络在2016年开始尝试不再使用胶带包装快递纸箱,而是采用拉链式无胶带纸箱,并开辟绿色包装专区,吸引上下游供应商入驻，为广大买家提供便捷的绿色采购通道，共同保护生态环境，减少"白色污染"。

(7) 打造绿色生态物流园。

菜鸟网络在2018年发布"绿园"计划，推动遍布全国的10多个菜鸟物流园区建设屋顶光伏电站，建设完成后，菜鸟"绿园"群年发电量预计将超过10亿千瓦时，每年减少的碳排放超过100万吨，相当于种植了2000万平方米的阔叶林。截至2021年，广州增城、上海嘉定、武汉江夏和黄陂、东莞清溪、杭州下沙的6个菜鸟物流园区已完成30万平方米的屋顶光伏建设，全年发电量2573万千瓦时，所产余电可满足2万人的居民用电需求。同时，菜鸟网络创新智能分仓、前置备货、门店发货等模式，提升城市物流网络的配送效率，不仅减少能源消耗、降低碳排放，也推动快递包裹简易包装，甚至"零"包装。

3) 实施效果

2021年，菜鸟绿色物流全链路环节已产生194.47亿次绿色物流行为，共减碳超25万吨，从打包发货、中转分拣再到运输送达，形成了一条绿色物流全链路，推出了绿色物流"七件套"，包括装箱算法、原箱发货、电子面单、绿色包装、智能路径规划、绿色配送、智能分仓，提供从仓储到配送、回收的全链路绿色减碳方案。

2021年，菜鸟网络的绿色回收箱已覆盖全国31个省(区、市)、315个城市，通过"回箱计划"推动快递纸箱、塑料包材分类回收、二次利用，全年可循环快递箱(盒)使用量达100万个、实现天猫超市的电商快件不再二次包装的比例达到80%，新增1.3万个设置标准包装废弃物回收装置的邮政快递网点。

此外，菜鸟网络自主研发的"智能切箱算法"也能通过人工智能深度学习的算法系统自动推荐最优的装箱方案，减少"过度包装"，能平均减少 15% 的包材使用。仅 2021 年"双 11"期间，菜鸟网络使用绿色包装发出的包裹超过 9000 万个，减少使用胶带长度超过 8400 万米。

4）推广建议

菜鸟网络在绿色发展的探索实践先后得到了国家发展和改革委员会、商务部、国家邮政局等政府部门的肯定，在包装减量化、包装循环利用、使用绿色包装、科技赋能绿色物流、推广屋顶光伏发电等方面具有成熟经验，处于国内领先水平，具备推广价值。

三、绿色出行

7. 北京市电动公交车辆精细化管理实践

1）基本情况

北京公交集团以习近平总书记关于推动数字经济和实体经济融合发展的重要指示精神为根本遵循，针对公交车辆快速电动化的发展特点，结合企业发展战略，确立了以企业全面数字化转型助力公交电动化高质量发展的发展路径，明确了"业务和技术双轮驱动"的基本原则，以问题为导向，提出了"场景化、角色化、多终端、多页面"的数字化转型设计方针。自 2019 年起，按照"构建基础、提升能力、向云端迁移"的建设思路，从"前端设备处理与传输能力、数字化云基础平台和数据中台支撑能力、数字化管理和数据融合应用能力"三方面开展了数字化转型探索和基础能力建设,在新能源公交车辆精细化管理上取得了显著效果。

2) 主要做法

在前端设备处理与传输能力建设方面,整合车载前端设备,研发了具备国际先进水平的一体化终端设备,完成了约1.7万部既有终端的换装;研发并全面换装了基于物联网管理平台的新型车载票务机具,实现了多渠道数字化乘车结算、票务数据的实时采集处理等功能;在纯电动公交车上加装CAN数据采集模块,实现了整车、电池电控等1000余项状态数据秒级传送;试点安装驾驶员异常行为分析设备,对驾驶员运营过程中驾驶行为的实时监测和异常报警;探索应用物联网技术,车载通信升级到4G通信全覆盖,单车月度流量由500M升级到20G。

在数字化云基础平台和数据中台支撑能力建设方面,在公交领域首次构建了数字化混合云平台,为业务应用向云端迁移提供了基础能力支撑;设计构建北京公交数据中台(数据湖),建立了企业主数据管理平台和融合数据仓库,初步形成了公交集团数据集成与数据应用支撑体系。

在数字化管理和数据融合应用能力建设方面,通过智能调度系统的数字化升级,实现了行车计划自动化辅助编制和"一键诊断",支撑了区域集中调度模式下跨线路车辆实时调度指挥;面向企业管理人员和基层员工推出"智能公交"系列软件,实现了数据图形化、可视化的全局综合展示;研究形成北京公交的《车辆CAN总线通信协议规范》,统一了不同客车生产企业的上传数据格式,在公交领域首次实现新车数字化交付和数字证书的应用，保证了新车数据传输标准规范，有效跟踪整车生产与交付过程。车辆数据采集模块和数字化合格证见图3-12。

图3-12　车辆数据采集模块和数字化合格证

3）实施效果

一是生产管理效率大幅提升。通过车辆综合管理平台的搭建，优化了业务流程，夯实了数据基础，推动了车辆维修保养管理、物资管理、车辆抢修管理等业务的统筹管理，初步实现了保修生产作业各环节的实时监控，保修物资的精准管控，保修保养成本的实时结算，达成了"一车一档，一物一码"的目标；通过智能调度系统的数字化升级，实现了行车计划自动化辅助编制和"一键诊断"，支撑了基于区域集中调度模式的跨线路车辆综合使用场景下的实时调度指挥，实现了与数据中台（数据湖）的全面对接，推动了调度与保修业务数据的融合应用，做到了"一车一时一状态"，对运营服务质量提升和企业精细化管理起到了积极作用。

二是大数据应用能力显著提高。基于新能源公交车秒级传输的车辆运行时的CAN总线数据、充电及公交运营业务数据，进行基础能耗数据分析、能耗异常分析、线路能耗分析、驾驶员行为分析及评分，辅助和支撑企业进行总成零部件故障分析和识别、车型选型和零部件选型、合理调整充电策略、制定空调使用策略、改善驾驶员驾驶行为及制定线路能耗标准，实现基于能耗大数据分析的公交精细化运营管理。采用大数据挖掘和机器学习等技术手段，分析动力电池特征参数与健康度，对新能源车辆的电池进行安全预警监控，提前识别安全风险车辆，及时采取措施，有效防控新能源汽车安全事故。新能源公交车大数据分析平台见图3-13。

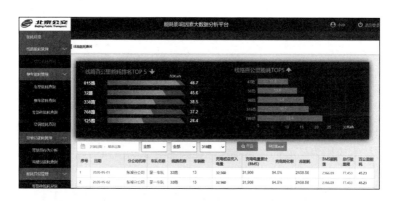

图3-13 新能源公交车大数据分析平台

三是社会服务效益凸显。通过布局新的票务机具，为乘客提供了多渠道的乘车结算方式和"一码通乘"出行服务，并结合防疫工作要求，实现乘车码和健康码的二码合一；发布了"北京公交"App（图3-14），支持车辆到站预报、车厢拥挤度查询、出行换乘查询等服务，为乘客提供了动态化、精准化的出行信息服务，提升了用户体验；通过整合升级，推出了新版定制公交出行服务平台，推动了需求响应式公交服务模式的创新，促进了多样化公交出行服务新业态的发展。

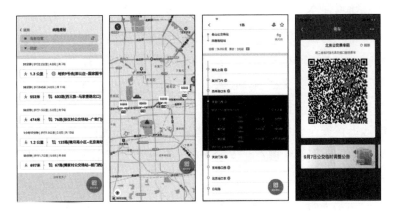

图 3-14 "北京公交" App

4）推广建议

北京公交的多项经验，包括以数字化转型助力电动化高质量发展的发展思路、"统筹规划、打好基础、强化感知、业务协同"的推进策略、以数字化交付为特点的上下游合作模式、以大数据技术应用为核心的运营维保优化技术等，均值得借鉴和学习。

8. 宁波城市轨道交通智能能源系统节能示范工程

城市轨道交通作为大容量公共交通基础设施，是城市低碳出行的骨干交通方式，肩负着绿色低碳发展、节能减排的重任。为全面贯彻国家"双碳"目标，宁波轨道交通秉持绿色低碳新发展理念，开展智能能源系统节能研究与示范应用，打造"基于云平台的智能能源系统节能示范工程"，为城市轨道交通实现更高水平的节能减排，迈向绿色低碳、可持续发展道路输出"宁波方案"。

1) 基本情况

2021年6月,宁波轨道交通提出"供、用、管"综合节能技术创新体系,着手全面打造"基于云平台的智能能源系统节能示范工程"(架构见图3-15),构建高质量可持续发展的城市轨道交通。"基于云平台的智能能源系统节能示范工程"以节能减排、绿色低碳、智能高效为主旨,以宁波轨道交通3号线二期、4号线、5号线一期工程为依托,开展多专业绿色节能协同设计,构建"供用管"协同一体的智能能源体系。

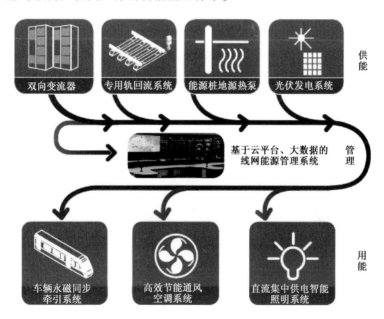

图3-15 宁波轨道交通"基于云平台的智能能源系统节能示范工程"架构

2) 主要做法

示范工程采用多项引领绿色节能发展方向的关键技术,构建"供用管"协同一体的绿色节能综合技术体系,并形成一套智能能源系统相关技术标准。

在供能侧，采用架空接触网结合专用轨回流供电技术，解决杂散电流泄漏及腐蚀的难题；实现全功率双向变流器的正线全面应用，技术达到国际先进水平；推进地源热泵、太阳能等绿色新能源的应用研究，进一步优化城市轨道交通能源结构。

在用能侧，实现基于新型钕铁硼材料的永磁同步牵引系统正线的全面应用，与双向变流器配合，综合节能率达到25%以上；采用国内领先的直流集中供电智能照明系统，具有高节能率、高安全性、高可靠性、低维护成本等优点；采用国内领先的高能效比通风空调系统，制冷机房全年运行能效达6.9。

在管理侧，通过构建基于云平台的能源管理系统，贯通供能、用能环节，以数字化管理手段，优化节能策略，实现能源系统的智能化、精细化管理。

3）实施效果

在经济效益方面，示范工程相关技术将在宁波轨道交通推广应用，预计运营综合能耗下降25%以上。以1条40千米的常规地铁线路估算，每年可节约用电3000万千瓦时左右，合计节约电费2250万元，减少2.9万吨左右二氧化碳排放，节能减排效果明显。

4）推广建议

通过示范工程，系统性地研究构建城市轨道交通"供、用、管"综合节能技术体系，进一步提高节能降耗水平，降低全生命周期成本，对城市轨道交通行业实现绿色低碳转型，以及可持续发展具有重要的示范引领作用和推广应用价值。后续建议进一步开展城市轨道交通绿色节能前沿技术的自主创新，统筹科研资源,形成创新合力,逐步建立自主可控、安全高效、主导发展的城市轨道交通技术链和产业链,进一步提升自主化、国产化水平,更高质量支撑城市轨道交通绿色低碳全面转型,为"交通强国"和美丽中国建设作出更大的贡献。

9. 绍兴绿色出行城市创建典型做法

1) 总体情况

绍兴市以绿色出行创建行动为契机,积极加快建设以轨道交通与快速公交为骨架、普通公交为重要支撑、公共自行车等辅助性公共交通为有益补充的多层次、多方式、一体化绿色出行网络,已初步建成"布局合理、生态友好、清洁低碳、集约高效"的绿色出行服务体系,绿色出行环境明显改善,公共交通服务指数位居全省前列。

2) 主要做法

一是绿色低碳,公交优先贯始终。全面运行并完善公共交通成本核算等长效发展机制,开展市区公交成本监审、服务质量考核、绩效评价等工作。2019—2021年三年财政累计对公交补贴17.05亿元。不断提升公交供给与服务水平,积极发展定制公交、微循环、特色公交等多层次公交服务模式,城市公交服务与发展质量位列全省前列。开通水上巴士4千米通勤航线,推进杭绍、绍甬城市(镇)间开行城际公交。2021年6月,1号线柯桥段(杭州至绍兴城际铁路)建设完成并开通运营,杭绍两市地铁"一张网"运营模式,开创全国地铁运营先河。2022年4月,1号线主线工程建设完成并与1号线柯桥段贯通运营,标志着绍兴全面进入地铁时代。

二是品质提升，慢行系统优结构。绍兴市持续打造人文自然和谐的慢行交通系统。2020—2021年完成各类绿道建设422.7千米，实施"越道1号"（省级绿道2号线）改造，实施环城河步行道改造（一期）提升工程。推进人行道净化工作，清退人行道停车泊位1508个。绍兴市统筹公共自行车与互联网租赁自行车协调发展，出台《绍兴市互联网租赁自行车服务质量考核办法》，开展了基于大数据驱动的市区公共自行车、共享单车与轨道交通、公交之间潮汐人群运力调配机制研究。

三是数字交通，智慧管理提效率。绍兴市着力推进绍兴市城市大脑数字交通建设项目。建成一套覆盖全市各类交通信息资源的共享交换体系，归集公共汽电车、巡游出租车、网约出租车、共享单车、公共自行车等10个行业数据，数据规模已超303亿条。发布了《绍兴市交通数据资源管理办法（试行）》。启动公交数字化改革项目，以公众服务为导向，继续推进城市数据开放。

3）实施效果

一是城市多样化绿色出行模式逐步确立。绍兴作为浙江省第三个获批及开通城市轨道交通的城市，"轨道+"出行模式正在被越来越多市民所接受，公共交通整体竞争力得到不断提升。推进轨道网公交网融合。市区公交按照"共线调整、接驳共享、逐步优化"的原则，以地铁1号线开通为契机，新开接驳微公交线路7条、优化常规公交27条，地铁接驳配套线路达到97条，同时推出地铁与公交换乘票价优惠政策。

二是城际、城乡多层次全域公交体系引领共富。城际公交创新发展引领杭绍甬一体化。杭绍城际作为省内先行建设的城际轨道，实现了与杭州相互融合、同城化发展。杭绍轨道互联互通、一票通行,利用既有铁路开行城际列车等创新做法,为全国区域多层级轨道融合发展起到示范引领作用。截至目前,杭绍地面公交线路开通6条,绍甬地面公交线路开通5条,极大地便利了居民跨市出行。城乡公交一体化助力全面乡村振兴。绍兴市早在2019年在全省率先实现500米标准"村村通公交",将村村通公交距离从2千米缩短至建制村村委所在地(或文化活动中心)500米以内,同时,城乡公交进一步向较大自然村(常住人口200人以上)延伸。截至2022年6月,市区范围"村村通"公交向较大自然村延伸覆盖率达到88.6%。

三是绿色出行人性化普惠服务全民受益。公交票价普惠力度全省领先。绍兴市区公交除快速公交系统和区间长距离快速、通勤公交外,72%以上占比的公交线路票价为1元,初步构建了城乡均衡、惠民高效的公交票价体系。无障碍出行环境不断优化。绍兴地铁已开通车站27座,均已完成"无障碍渡板"配备,推出"无障碍乘客预约服务"。无障碍公交车比例稳步提升,更新(新增)低入口城市公交车辆比例达到63.5%。公交场站社会化充电服务率先试点。绍兴公交后墅停保场公交充电站是绍兴最大的公交电源补给站,2020年6月,浙江绍兴供电公司同绍兴市公交集团在合作上寻求新突破,充分结合公交在夜间充电的运营特点,在保障公交充电网络平稳运营基础上,利用车联网平台,在全省首先试点推出智慧充电桩位向市民开放。

4)推广建议

绍兴市以轨道交通建设为契机,加速全市公共交通资源的整合,扩大公共交通服务覆盖面,支撑城市区域一体化发展需求与空间结构优化调整。绍兴市绿色出行的创建,为我国轨道交通处于初期发展阶段的城市,更好地优化和重塑公共交通系统进行了积极探索。绍兴市以"水乡泽国"享誉海内外,构成了天然水路客运发展条件。绍兴市以柯桥区水上旅游巴士客运站为重点,开通水上巴士 4 千米通勤航线,充分发挥早晚高峰"水上巴士"的公交通勤功能和平峰时的观光旅游功能。绍兴市将继续在柯桥区、上虞区各布局 3 条水上巴士游线,逐步推进水上巴士总体布局,促进水路客运服务提升,为我国具有江南水乡特色和生态旅游城市转变绿色出行方式提供了探索的路径。

10. 太原纯电动出租汽车推广应用实践

1) 基本情况

2015 年 12 月,山西省出台了《关于加快推进电动汽车产业发展和推广应用的实施意见》《2016 年电动汽车产业发展和推广应用行动计划》,构建了"煤-电-车"产业链的发展思路。2016 年,太原市一次性将 8292 辆出租汽车全部更新为纯电动汽车,产生了显著的社会效益、经济效益和环境效益,对落实国家"双碳"目标、改善城市空气质量、培育战略性新兴产业等有重要意义。

2) 主要做法

合力推进,出台相应补贴政策。为落实纯电动出租汽车推广工作,太原市政府制定了《太原市新能源汽车推广应用实施方案》,成立了太原市新能源汽车推广应用工作领导小组,完善了工作协调机制,明确了各部门的职责,确保在电动车推广实施过程中,各部门之间相互配合、形成合力、联合推动。研究出台纯电动出租汽车推广的补贴政策,包括购置补贴和充电优惠两方面。

在购置补贴方面,纯电动出租汽车的市场价为 30.98 万元/辆,经国家、省、市各级补贴后,仅需 8.98 万元/辆,基本实现与油气车辆的购车成本持平;在出租汽车充电价格优惠政策方面,太原市将充电价格分为峰、谷、平 3 个时段,每千瓦时电总价(含服务费 0.45 元/千瓦时)最高 1.21 元、最低 0.76 元,每台出租汽车全天充电费用不足 200 元,便能满足全天运营需求,节约了燃料成本超过 30%。

超前规划,建设充电设施网络。坚持"政府推进、企业示范",超前配套建设充电设施,因地制宜确定太原市充电桩设置比例为 1∶4。截至 2022 年 6 月底,太原市城六区出租汽车企业 19 家,充电桩 14597 个,其中私人充电桩 4758 个,公共充电桩 8002 个,其他专用桩 18357 个,满足了出租汽车日常充电需求。同时,结合充电站建设,配套完善了休息、如厕、免费 Wi-Fi、饮水、就餐、洗车等延伸服务,具备了出租汽车综合服务区的功能。

加强跟踪,建立保障服务体系。为保障太原市出租汽车的日常运行,市政府及交通部门建立了完善的售后保障服务体系,为纯电动出租汽车的日常运行保驾护航,主要措施包括:出租车车型的电池、电机、电控质保 8 年,配件价格不高于同类同质产品的市场最低价格,配件维修时间不超过 10 个工作日,日常维修保养不超过 3 个工作日、建立了多个授权维修点等。

3)实施效果

太原市出租汽车在全国范围内最早实现了全部纯电动化,自运行以来使用情况良好,得到广大市民、驾驶员和外地游客等的一致好评。同时,产生了较好的经济效益、社会效益和环境效益。提高了车辆档次,成为城市一道靓丽的风景、城市绿色名片;出租汽车舒适度提升,驾驶员劳动强度下降,整体服务水平明显提高;配套充电设施建设、运营售后服务等方面可提供5000人以上的就业岗位;实现了出租汽车运营阶段"零排放",减碳效益显著。该项目入围C40全球城市气候领袖群峰会"城市交通奖"。

4)推广建议

出台相关扶持政策。因地制宜,针对各城市资源优势制定多样化、差异化的推广政策,将推广应用电动汽车的政策从购车环节向用车环节延伸,覆盖购车补贴、用车、基础设施建设及运营、服务保障等全链条;积极探索公私合营(PPP)等模式,通过油电差价等机制,鼓励社会资本参与充电设施建设与运营,以及车辆购买与维护。

完善配套基础设施。开展纯电动出租汽车的推广需求测算,制定充电设施建设规划,加强配套设施的配建。充分利用现有的充电桩设施,积极推进与城市公交、网约车、社会车辆等共享充电桩,同时试行换电"备用电池"的快捷模式,以进一步缩短充电时间。

四、交能融合

11. 国家电力投资集团有限公司白城绿能零碳交通示范城市建设经验

1)基本情况

为探索交通运输与绿色能源融合发展新模式,助力"双碳"

目标加速实现,创新可复制、可推广的交通与能源融合发展方式,国家电力投资集团有限公司(以下简称"国家电投")在业内率先提出了"绿能零碳交通"的创新理念,即打通以"绿能"为核心的零碳交通全产业链,创新交通运输与绿色能源融合发展新模式,构建绿能零碳交通全新生态,引领交通行业绿色低碳发展,通过使用绿电、绿氢、绿证等多种方式,最大限度地实现城市交通领域低碳排放或近零碳排放。吉林白城即为国家电投在东北地区重点推动的首个绿能零碳交通示范城市。

山东电力工程咨询院有限公司作为国家电投绿能零碳交通技术支撑单位,依托白城丰富的风光资源禀赋,立足城市绿色交通发展基础,以绿能为核心,围绕新能源交通工具电氢替代,创新交通与能源融合发展新模式,探索从绿能供给到消纳的全流程闭环,通过构建"绿能交通替代场景、绿能开发供应模式、绿能交通智慧管控平台、绿能零碳交通发展基金"多维一体的白城绿能零碳交通体系,在绿能零碳交通示范城市建设中积极探索实践。

2)主要做法

国家电投吉电股份公司发挥集团产业优势,聚焦交通工具电氢替代、绿色能源供给、增量配电网建设、多网耦合平台开发四个方面,首批重点推进分布式发电制氢加氢一体化示范项目、氢能客运大巴项目、电动重卡充换电项目、增量配电网项目、智控管理平台项目。

(1)分布式绿电制氢加氢一体化示范项目。

结合白城市工业园区分布式光伏、分散式风电电解水制氢,采用"绿电制氢+余电上网"的运行方式进行绿电制氢。项目新能源装机 10.6 兆瓦，其中风电 6.6 兆瓦，光伏 4.0 兆瓦，设置 1 台 1000 标方每小时碱性水电解制氢设备和 1 台 200 标方每小时 PEM 电解水制氢设备，同时建设加油、加气、加氢多位一体的综合加能站，实现分布式绿电制氢加氢一体化典型场景。

（2）氢能客运大巴项目。

对白城客运大巴进行氢能替代，采用"租赁运营"模式，由白城公交公司运营管理。结合吉林省"白城—长春氢能走廊"项目建设，充分利用绿电制氢产品，实现氢能大巴在东北严寒地区先行示范的典型场景。

（3）电动重卡充换电项目。

在白城经济开发区投运 50 辆电动重型卡车，用于固废运输车辆电能替代，配套建设 240 千瓦大容量充电桩用于电动重卡充电，随着运输车辆的增加后期建设智能换电站用于电动重卡换电，实现了充换电重型卡车在固废运输领域应用的典型场景。

（4）增量配电网项目。

白城绿电产业示范园区通过引入绿色装备制造产业，为白城市新能源电力消纳提供产业支撑。通过增量配电网项目的"毛细血管"，为绿能零碳交通城市建设提供了必要的供能路径，实现了充换电站和制氢站的绿能供应，目前增量配电网配套一期 100 兆瓦风电项目已正式开工建设。

（5）智控管理平台项目。

依托国家电投"天枢一号"建设综合智慧管控与服务平台，为白城市零碳交通示范城市项目打造面向用户侧的生产管理监控中心。通过各场站及车辆的数据共享和分析，充分利用和挖掘数据价值，实现白城市绿能零碳交通典型场景的可视化、集成化、智慧化。

3）实施效果

围绕新能源交通工具推广替代、新能源交通基础设施建设和绿色交通用能供应，创新绿色能源与交通运输融合发展新模式，探索从绿能供给到消纳的全流程闭环。白城市绿能零碳交通示范项目的建设是一个长期的过程，通过示范项目的开展，逐步打造立体的绿能零碳交通体系，带动新能源发展，持续改善城市环境，通过政府、企业、用户等各方的不懈努力，实现绿能零碳交通城市的宏伟蓝图指日可待。本期项目累计投资4.8亿元，资本金内部收益率8.03%。截至2022年底，可消纳0.16亿千瓦时绿电，减少1.54万吨二氧化碳排放。

一是实现新能源发电与制氢消纳的深度耦合。采用分布式绿电制氢加氢一体化模式，同时进行国家电投国氢科技兆瓦级PEM氢设备示范，优化新能源出力与制氢比例，充分挖掘新能源出力、制氢消纳潜力。分布式绿电制氢年节约标煤约4800吨，年减少二氧化碳排放约1.4万吨，社会效益和环境效益显著。

二是实现氢能大巴严寒地区的示范应用。氢能大巴采用国家电投"氢腾"FCS80燃料电池系统，续航里程630千米，在白城类似寒冷地区的推广，将引领氢燃料汽车在北方寒冷地区规模化发展，也验证了"整车购进、统一租赁"商业模式的可操作性。

三是实现充换电重型卡车的示范应用。在频繁短倒场景下，通过电动重型卡车的推广应用，提升了电能就地消纳、推动电动重型卡车市场发展、降低车辆运营中的碳排放，同时"电池租赁"模式可大大提升电池的应用效能，减轻车辆购置企业负担，示范应用效果明显。

四是实现油气氢综合加能站的示范应用。利用现有的加油加气站布局加氢设施,建设吉林省首座油气氢综合能源站,在实现土地集约化利用的同时,通过站内油、气、氢运营人力资源共享,减少人工成本支出,具有较强的示范意义。

五是实现三网融合智能管控平台示范应用。依托国家电投"天枢一号"智能管控平台,通过精细化管理,推动整个系统实现"近零碳排放"。结合新能源发电功率预测、新能源发电优先制氢、余电上网、换电站车辆实时监测及换电重卡有序充换电,实现制氢站制氢、换电站充换电和绿电交易实时优化调度和系统最优化运行。

4)推广建议

随着国家电投白城绿能零碳交通示范城市项目的落地见效,在良好实践和经验推广的基础上,加快交通工具的电氢替代步伐,推动可复制、可推广的绿能零碳交通示范城市建设模式,助力城市绿色低碳发展,在绿色能源与交通领域融合发展领域贡献国家电投央企力量,助力交通强国建设。

12. 山东高速集团有限公司济南东零碳服务区建设试点

1)基本情况

山东高速集团有限公司(以下简称"山东高速集团")以济南东服务区为试点,以技术创新为突破口,提出"Z-E-R-O 零碳服务区"理念,在济南东服务区运营阶段全方位系统性地推进零碳建设,建设可再生能源利用系统、零碳智慧管控系统、污废资源化处理系统和林业植被提升系统。"Z-E-R-O"零碳理念,

Z(Zero)代表零碳排放目标,E(Emission)代表温室气体排放量,R(Reduction)代表减排措施和成效,O(Offset)代表二氧化碳抵消。

经第三方认证机构对服务区碳排放进行核算认证,济南东零碳服务区建成后,可实现"零碳"运营,并具备"可持续碳中和"的能力,是国内首个已建成规模最大的、可实现自我碳中和的零碳服务区。

2)主要做法

济南东服务区地处济南市章丘区龙山街道党家镇,位于青银高速公路 K315 处,服务区占地 200010 平方米,分为南、北两区,单侧综合楼建筑面积 6555.55 平方米,是山东省规模最大的服务区之一。济南东服务区温室气体排放量目前考虑了自身运营产生的排放量,包括直接排放和间接排放,供应量上下游产生的间接排放暂未纳入核算范围。

济南东服务区作为山东高速集团倾力打造的首个零碳服务区试点项目,围绕提升能源使用效率、100% 可再生能源利用和林业植被抵消三大核心路径,实现服务区运营阶段零碳排放。

一是首次构建了高速公路服务区全场景的分布式光伏新能源建设模式。济南东服务区充分利用服务区边坡、停车位、屋顶等各类空间资源,车棚及屋顶位置选用了发电效率高的 N 型双面双玻光伏组件,边坡选用了无边框、可弯折的柔性光伏组件,采用了长距离柔性支架固定安装工艺,大大降低了造成潜在二次伤害的概率。服务区光伏装机规模达到 3.2 兆瓦,是目前全国服务区光伏平均装机容量 0.27 兆瓦的 11.85 倍,为零碳服务区建设提供了示范。

二是储能装机容量为全国服务区最大。针对服务区配电特点，首次开发了簇级管理的双储能单元同舱储能系统，占地面积小，能量密度高，储能装机容量3.2兆瓦时，可实现服务区绿色电力自洽率达到100%。储能系统采用组串式变流器，单簇电池管理，簇间独立运行，消除簇间并联失配，充分释放每簇电池的最大潜力，将生命周期内放电量提升7%，初始电池配置容量降低10%。

三是首次开发了具有自主知识产权的服务区零碳智慧管控系统。以绿电充分消纳及设备自主智慧运行为核心，全面管控服务区光伏+储能+充电、交直流微网、暖通空调、照明等系统设备，配套设计零碳管控算法以控制服务区整体能量流动，以用户感受为核心设计建筑设备智慧管控系统，模拟人类感知-分析-决策过程设计服务区能源管控大脑，确保服务区碳中和可持续实现。

四是开发了服务区智能污水应急处理系统。针对服务区污水冲击负荷波动大，污水处理过程精细化程度低等问题，开发服务区污水处理水量应急处理和水质应急处理模块，研发多污染因子监测技术和智能控制设备，形成污水水质闭环控制系统，采用水质在线监测系统获得水质实时参数，实现水质状态实时预警。

3）实施效果

一是节能减碳效果。光伏80%的发电量为服务区自用，室外微光系统年节省用电量18921千瓦时，智慧管控系统年节电量59449千瓦时，污水处理系统年节电量5000千瓦时，年污水处理量约109500吨，采用智慧零碳污水处理后，污水可全部进行回用。每年可减少碳排放量约3400吨，超过建成前年均约2300吨的碳排放量，节能、节水、减碳效果明显。

二是经济效益。本项目投资收益率为3.44%，静态回收期为15.49年，项目具有可持续盈利能力。

三是社会效益。为零碳服务区建设发挥了示范引领作用，具有一定的可复制性和可推广性。为山东省内及其他地区既有服务区与新建服务区实现碳中和提供了借鉴与技术参考，助力行业绿色低碳发展。

4）推广建议

(1) 集团千瓦时推广零碳服务区建设运营模式。

济南东零碳服务区建设模式，可为我国零碳服务区建设提供重要的借鉴和指导作用。应及时总结济南东零碳服务区建设经验，加强高速公路零碳服务区建设关键技术研究，制定高速公路零碳服务区建设、运营、评价等一系列标准，编制高速公路(近)零碳服务区布局或发展规划，形成零碳服务区建设成套技术和可复制、可推广的建设运营模式，实现(近)零碳服务区由点到线到面的全面推广，推动交通行业绿色低碳发展。

(2) 加快绿色低碳交通基础设施建设。

在交通基础设施规划、建设、运营和维护全过程，贯彻绿色低碳理念，优化交通能源结构，推进新能源、清洁能源应用。统筹利用高速公路廊道、物流园区等土地和空域资源，因地制宜推进公路收费站、互通区、边坡等适宜区域合理布局光伏发电设施，促进交通基础设施网与能源网融合发展。降低交通基础设施全生命周期能耗和碳排放，建设一批绿色低碳交通基础设施示范工程。

五、碳排放核算与认证

13. 中国交通建设集团有限公司公路工程建设期碳排放测算标准、定额及测算软件的研发和使用

1) 基本情况

碳排放计算是碳减排管理、碳排放交易等一系列"双碳"措施的基础。交通基础设施建设行业落实国家"双碳"目标要求、全面开展绿色低碳考核管理，必须直面相关领域国行标匮乏的难题，尽快补全碳排放计算标准规范这一短板。唯有建立了科学合理的碳排放计算方法，交通基础设施工程建设过程碳排放量的计算才能更加准确，才能夯实交通基建领域碳减排的工作基础，才能支撑行之有效的工程碳减排技术管理措施推广和"双碳"政策制定。

中国交通建设集团有限公司（以下简称"中交集团"）组织专业团队，参考《2006 年 IPCC 国家温室气体清单指南》及其 2019 修订版关于碳排放源的分类方法，《建筑碳排放计算标准》（GB/T 51366—2019）中有关新建、扩建和改建民用建筑建造及拆除、建材生产及运输阶段的碳排放计算方法，对标《公路工程建设项目概算预算编制办法》（JTG 3830—2018）关于公路工程建设项目费用组成和计算方法的相关规定，在充分分析公路工程建设期碳排放来源和特征的基础上，采用生命周期碳排放计算思路，编制了《公路工程建设期碳排放测算标准》（以下简称《标准》）；吸取了

国内工程建设造价指标和定额的编写经验，全面总结了中国交通建设集团有限公司参建多项公路工程的施工组织、施工机械设备使用、建筑材料消耗情况和能源消耗、碳排放特征，通过大量调研、实地观测和分析论证，编制了《公路工程碳排放估算指标》（以下简称《指标》）；依据《标准》和《指标》，研发了配套碳排放测算软件，可独立或基于公路工程建设项目造价文件实现碳排放的快速、便捷测算。

2）主要做法和取得成效

《标准》和《指标》考虑公路建管养运碳排放涉及建筑材料消耗、燃料及能源使用、机械设备运转等多种来源，综合考虑各个环节各个要素，进而建立了基于全寿命周期的计算方法，能够规范、系统地指导公路工程项目碳排放测算工作，能够为公路建设项目不同设计方案、不同建造技术、不同材料和不同供应方案的碳排放比较分析提供技术手段，配套碳排放测算软件，独立或基于公路工程建设项目造价文件实现碳排放的快速、便捷测算，可作为公路工程建设碳排放管理和考核依据，为中交集团乃至交通建设行业公路碳排放管理提供了技术标准支撑。

我国作为《联合国气候变化框架公约》成员国，一直致力于基于中国实践不断探索符合国情的碳减排路径与方法。在公路工程建设领域制订碳排放测算标准及定额，对公路建设期排放的二氧化碳进行定量预测分析，能够在前期阶段清晰描绘公路建设二氧化碳排放的来源和特征，使从源头上改进公路建设方案、材料供应方案从而减少建设期实际的碳排放，也能够为政府、企业及公路建设管理者拟定公路工程低碳化要求的政策与法规提供数据支撑和理论根据。此外，公路建设碳排放管理是全国性的碳排放管理体系的重要一环,对公路建设碳排放量和排放来源的清晰掌握,有助于国家和省市层面充分掌握辖区内的碳排放总体情况,从而能够从科学角度找到碳减排、碳达峰、碳中和的政策良方。而随着中交集团下属公路建设企业向"一带一路"国家的业务拓展,也能够将相应的碳排放测算标准带出国门,不断提高我国在公路低碳化建设乃至气候治理领域的国际话语权。配套软件的研发应用,践行中交集团绿色低碳行动方案,树立企业交通基础设施建设节能降碳增效社会责任形象、对行业、经济社会发展全过程具有显著社会效益。

在当前我国逐步在各行业推行碳排放配额管理制度的形势下,通过本《标准》及《指标》在行业范围内全面发布和推广使用,逐步落地渗透市场,推动更精准的碳排放预测、监测、核查技术发展,可帮助公路建设相关企业摸清因参与公路建设而产生的碳资产变化情况,有助于企业合理控制由于碳价上涨和碳配额收紧两者共同作用产生的高额碳排放成本,并可进一步通过减碳量的碳市场交易增加企业利润。

从长远角度来看,本《标准》及《指标》的实施可促进中交集团下属公路建设、设计、施工企业产生内生动力主动提升公路工程绿色低碳建设水平,可作为示范样板引领交通基础设施建设碳排放管理水平的提高,可为国家"双碳"目标在交通运输基础设施建设领域的落地实现起到重要的推动作用。碳排放测算软件是碳排放标准及碳排放管理的配套软件,碳排放测算软件的研发,既是企业标准落地实施的必要条件,也为行业的大规模应用需求打下基础,具有较大的商业价值。

3) 推广建议

公路工程建设期碳排放测算标准及测算软件的研发和使用不仅为企业开展公路工程全过程碳排放管理考核提供了标准支持,也为完善行业企业碳排放核算机制、推进交通运输碳排放计算标准体系建设奠定了扎实基础,是落实国务院《2030年前碳达峰行动方案》、响应国家发展和改革委员会等三部门《关于加快建立统一规范的碳排放统计核算体系实施方案》要求的重要举措,对于助力交通运输行业完成绿色低碳目标、提高我国在公路低碳化建设乃至气候治理领域的国际话语权具有重要的支撑作用。公路工程建设期碳排放测算标准及测算软件未来不仅可在我国公路交通基础设施建设领域大力推广应用,而且可以通过我国基建企业投资、承建国际项目,在"一带一路"乃至更广阔的全球交通基础设施建设活动中推广,探索"双碳"领域中国标准的国际化之路。

14. 江西省交通运输碳排放核算典型做法

1) 基本情况

为支撑建设人民满意、保障有力、全国前列的交通强省建设,实现数据驱动交通运输绿色低碳发展,江西省采用"自上而下"和"自下而上"相结合的方法,对全省公铁水航近十年碳排放进行核算。江西省交通运输领域碳排放研究模型见图3-16,核算以江西省绿色交通发展现状为基础,结合LMDI影响因素分析法,选择长期能源替代计划系统(LEAP)模型对全省交通运输碳排放进行预测,为科学甄别重点减排领域,促进区域协同降碳,模拟各子行业发展趋势、促进区域协同降碳提供数据支持。

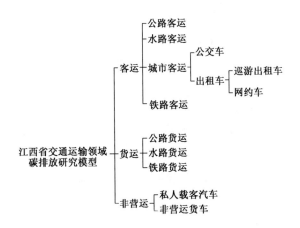

图 3-16　江西省交通运输领域碳排放研究模型

2) 主要做法和实施效果

一是识别"重中之重",支撑科学判断现状形势。江西省交通运输领域碳排放现状特征是公路运输领域的碳排放量居主导地位,远高于水路、铁路、民航。公路运输中营运货车和私人载客汽车碳排放基数大、增速快,是目前较难快速实现低碳减排的重点领域之一。营运客车、城市客运已呈现降低趋势,其中城市客运是最可能率先实现脱碳的领域,抚州、吉安、萍乡城市公交领域基本实现"近零碳"。

二是识别"协同关系",支撑探索全省碳排放空间差异与关联,促进协同降碳。各城市间交通运输行业碳排放存在一定的相关关系,各城市间具有协同降碳潜能,如南昌与赣州、吉安、抚州、新余等地的交通运输碳排放呈显著正相关关系,未来南昌至赣州航道开通可有效降低南昌至赣州段的交通运输碳排放量;萍乡与吉安、新余、鹰潭的交通运输碳排放负相关,说明萍乡与吉安等地的客货运路线相悖。在交通运输碳排放的整体网络中，南昌、赣州、上饶是全省率先开展绿色低碳试点的设区市，可有效带动周边城市协同减排。

三是识别"演化序列"，支撑交通运输绿色低碳转型发展路径科学选择。营运货运是全省交通运输领域碳排放中占比最大的部分，随着运输结构优化、运输装备清洁化改造等政策的实施，营运货运碳排放增长速率逐步降低，水路运输碳排放占比随之增加，货物运输对公路的依赖性将逐渐减弱。非营运车辆是江西省交通运输领域碳排放中增速最快的部分，受新能源私家车和绿色出行的快速普及影响，增速亦呈现减缓趋势。营运客运与城市交通碳排放在不同情景预测中占比均为最低。

3) 推广建议

碳排放核算结果是做好交通运输绿色低碳工作的重要基础，是制定政策、跟踪目标、开展评估的重要依据。全国各省资源禀赋不同，交通运输发展有差异。各省一定要结合本地区实际情况，建立符合省情、具有本地化特征的交通运输碳排放核算模型，科学核算各运输方式碳排放量，科学模拟各类政策情景下的碳排放情况，支撑减碳路径合理选择，并形成数据的长效支撑机制和核算模型的滚动校正机制，量化驱动交通运输绿色低碳科学决策。

15. 高速公路服务区碳排放认证河北实践

1) 基本情况

高速公路服务区是公路基础设施运营管理中能源消耗及温室气体排放的重要场所，也是绿色能源、降碳措施应用的主战场。

河北高速燕赵驿行集团有限公司作为河北省高速公路服务区主要经营管理单位，着眼于国家"双碳"目标，于 2021 年 11 月选择香河、北戴河、大名、牛驼、石家庄东、邢台、深州、茅荆坝、固安、衡水湖 10 对高速公路服务区推进开展碳排放核算核查。借助中交（北京）交通产品认证中心有限公司（CCPC）的低碳认证评价技术，主动实施高速公路服务区"摸清底数、明确目标、找准重点、长效保持"的低碳实施路径，率先确定了 2030 年前碳排放控制目标，具有重要的示范意义。

2）主要做法

一是优选试点单位。河北高速燕赵驿行集团有限公司从所辖服务区中选择具备经营状态稳定、碳排放可量化的特色服务区作为试点服务区。所选择的服务区类型覆盖了河北的北、中、南不同地理位置，包含了平原也包含山区，既有临近北京特大城市的也有石家庄省会城市和衡水等地级市；在节能减排措施上涵盖了 LED 光源应用、地源热泵、光伏发电、充电桩（站）等多种应用程度不同的服务区，代表了河北省服务区主要类型。

二是实施认证核算和核查确认。根据服务区低碳评价规则，各试点服务区确定碳排放边界，整理临近 3 年来服务区自身能源使用量，包括电量、燃油公务车辆、餐饮灶具设备、备用发电机设备等消耗的燃油、淳基燃料、天然气以及特定地区服务区冬季热力使用量等，经核算对比过去 3 年服务区运营期的碳排放量历史数据，并经认证机构核查确认，确定了 2030 年前碳排放最高限值，服务区据此签署声明，承诺该将该限值作为今后服务区碳排放控制的目标，并接受社会和认证机构监督。

三是采取措施，确保低碳效果。各服务区确认碳排放控制目标后，制定碳排放控制计划，根据服务区特点持续推进实施光伏、风能等绿色能源、供暖设施优化、智能化设备引进等项目改造建设，确保碳排放不超过最高限值基础上逐步实现更低碳排放。

3）实施效果

河北服务区碳排放核查评价，在理论认识和实践上取得了积极效果。

一是确定了认证评价服务区碳排放控制目标值。各服务根据自己历史碳排放数据，据实核算并得到第三方认证机构核查确认，确定了碳排放最高限值的控制目标，为碳排放控制提供了指引。

二是明确了服务区碳排放主要影响因素。碳排放源主要来自电力的间接排放，其次是燃料燃烧的直接排放。燃料主要为燃油公务车、餐饮灶具设备、用发电机组设备使用的汽柴油、醇基燃料及天然气等。

三是提出了确保碳排放逐步下降的措施和重点任务。包括：①在有条件的服务区积极推广光伏发电等可再生能源措施，可抵扣部分服务区使用的购电量。②精细化管理电量消耗，对于电量消耗大户分门别类严格监管，譬如空调温度设置、空调开启关闭时间，智能化照明管控等。③优化北方冬季采暖策略，增加太阳能、热泵等供暖方式，减少直接的化石燃料消耗。④严格控燃料的使用量，控制直接排放。⑤调动服务区工作人员积极性与创造力，积极宣传节能减排相关理念与政策，引导入区人员为节能减碳做贡献。

通过高速公路服务区碳排放核查评价和节能减碳行动，服务区摸清了底数、确立了目标和改进重点，为服务区今后进一步降低碳排放明确了方向，同时也提升企业品牌价值、绿色发展基础和企业绩效。该实践得到河北省人民政府国有资产监督管理委员会的肯定，在高速公路服务区管理企业中起到示范引领作用。

4）推广建议

落实国家"双碳"目标是每个单位、每个人的社会责任。基于历史排放数据，自主确定最高碳排放控制目标，采取有效措施确保后续发展中不超过承诺限值并实现逐步下降，是一条落实国家"双碳"目标的有效途径，具有重要引领和示范意义。建议政府部门出台有关支持性政策，鼓励更多高速公路服务区开展自主碳排放最高限值控制目标确定实践活动，支持企业履行国家"双碳"目标社会责任。

六、交通运输新业态

16. 滴滴网约车"碳元气"项目实践

1）基本情况

随着我国机动车保有量持续增长，城市交通出行领域能源消费和碳排放也不断增加。网约车拼车出行和新能源网约车出行作为绿色低碳出行方式，既能够满足居民对出行舒适度的需求，也推动了新能源汽车在网约车市场普及应用。2022年全年国内纯电动汽车里程比率约为45%，到2022年12月份国内纯电动汽车里程比率达到约54%。

滴滴出行科技有限公司（以下简称"滴滴出行"）长期致力于推动绿色低碳出行，基于全球领先的大数据分析和人工智能技术，提供更加绿色、经济、高效的网约车拼车出行服务，提高车辆运营效率，降低居民出行碳排放。

2) 主要做法

滴滴网约车"碳元气"项目是面向乘客开发的网约车低碳出行环保心智建设项目，旨在培育居民网约车低碳出行理念。通过在乘客端 App 和微信小程序上线网约车"碳元气"积分等系列措施，实现居民对网约车拼车和新能源网约车出行的碳减排价值"可量化、可感知、有激励、有参与"。

(1) 建立滴滴网约车碳减排核算方法学。与交通运输部科学研究院共同建立网约车拼车和新能源网约车出行碳减排核算方法学，精确量化核算每一笔拼车订单和新能源网约车订单的碳减排量。

(2) 上线"碳元气"积分（图 3-17）。分值体系设计方面，践行绿色出行平台企业责任，对用户出行环保行为配套一定分值作为奖励，即"碳元气 = 用户真实环保行程减碳量 + 环保行为奖励"。按照滴滴网约车碳减排核算方法学，使用新能源网约车出行 1 千米，平均可积累 80 克碳元气❶；使用网约车拼车出行 1 千米，平均可积累 50 克碳元气。对外展现方面，通过"碳元气"创意化表达及视觉符号，实现用户每一次低碳出行单单有感知、实时可减碳，提升用户心智沟通效率。

---

❶ 以上新能源及拼车拼成每公里可得碳元气为依据平台年度校准车辆结构减碳量计算所得平均参考值，并非用户实际每公里碳元气获得量。

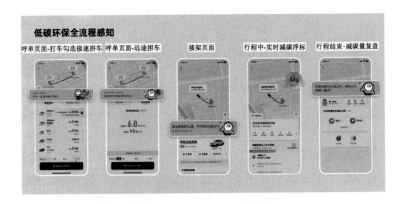

图 3-17　滴滴出行 App 上线"碳元气"积分

（3）碳元气勋章和低碳出行券。以碳元气为基础，通过里程会员碳元气勋章荣誉激励和低碳出行券激励牵引，建立耦合网约车里程会员体系的可持续运营机制，见图 3-18。目前，滴滴出行用户每自然月累积 3000 及以上碳元气，可获得每月专属碳元气勋章和限量低碳出行券补贴。

图 3-18　"碳元气"激励体系

(4)定制"守护候鸟"公益捐赠项目。联合滴滴公益和中华环境保护基金会定制"守护候鸟"公益捐赠项目,通过趣味碳元气消耗机制,将用户低碳出行的减碳量进行配捐,用于守护候鸟迁徙路线,共建更美好的城市环境,让人和候鸟一起和谐共处,使得环保项目与公益项目相得益彰。

3)实施效果

滴滴网约车"碳元气"项目,通过企业自发探索,科研单位支持,率先探索出了如何解决全国范围内计算移动源碳排放的问题。基于方法学支撑,自2022年11月4日起至2022年12月31日,滴滴网约车"碳元气"项目已在297个城市上线落地,参与用户达到7946万,通过"碳元气"项目日均核准碳减排量201140吨,对于解决城市交通拥堵、优化出行结构、培育居民绿色出行意愿有积极意义。

(1)建立网约车拼车和新能源网约车出行碳减排核算方法学,解决移动源碳核算难题。

(2)提升居民低碳出行意愿。将更多网约车或私家车独乘出行引导至新能源车出行、拼车出行,优化出行能源结构。其中,网约车拼车实现碳减排32080吨,新能源网约车实现碳减排169060吨。

(3)培育居民绿色出行观念。活动期间碳元气勋章及出行券累计发放50900张,活动周期内累计获得勋章用户1704万。

(4)项目公益价值再提升。通过与"守护候鸟"公益捐赠项目联动打通,活动期间主会场页面"守护候鸟"平均点击率为24.6%,活动累计参与页面浏览量(page view,PV)24万,用户浏览量(user view,UV)64万,活动期间累计证书发放量54811

张,守护了548千米候鸟迁徙路。

4) 推广建议

网约车拼车和新能源网约车作为私家车出行重要的替代品,正逐步影响城市居民绿色出行习惯和出行能源结构。在我国建设交通强国和"双碳"目标的双重背景下,滴滴出行已建立企业层面的碳减排核算方法、积分体系和激励机制,为我国未来探索网约车绿色出行碳普惠机制奠定了坚实的基础。建议有关单位研究制定全国层面的网约车碳减排量核算方法学,并在部分具备条件的地区探索网约车绿色出行碳普惠项目,进一步激励引导城市居民绿色出行,促进网约车行业健康可持续发展。

17. 高德北京绿色出行一体化服务平台(MaaS)典型案例

1) 基本情况

2019年,北京市交通委员会与高德地图通过政企合作的形式,在北京市落地建设了国内首个绿色出行一体化服务平台(MaaS)应用试点。北京MaaS围绕"绿色、一体化"两大核心理念,向市民提供覆盖出行全方式、衔接出行全流程、精准实时的一站式出行服务,实现一个App解决多场景出行问题。同时,北京MaaS创新引领低碳出行,激励市民主动选择步行、骑行、公交、地铁等绿色出行方式,服务首都加速构建安全、便捷、高效、绿色、经济的综合智慧交通服务体系。

2) 主要做法

(1) 构建数据底座,深化数字技术在城市交通治理中的应用,推动交通服务全社会开放共享。

北京市交通委大力推动整合了包括地面公交、轨道交通、静态交通以及路网运行状态等多元交通数据，创新推出《北京市交通出行数据开放管理办法（试行）》，依规向参与北京 MaaS 服务的各企业、机构开放共享数据，引导公共交通和企业信息服务深度融合，有效提升公众出行服务的精准性和精细度，为优化出行引导体验提供了坚实的数据底座支撑。

（2）整合全类型出行信息，以满足公众出行需求为准则，提供一体化出行服务。

北京 MaaS 依托北京市交通大数据以及自身技术能力，为公众提供跨体系、智能化、一站式的"门到门"服务。如在高德地图 App 上整合步行、骑行、公交、地铁、网约车、铁路、飞机等多维度出行方式信息服务，通过"混合出行方式联程规划""实时公交查询""公交/地铁满载率查询""未来出行用时查询""到站下车提醒"等 30 余项创新功能（图 3-19），为公众提供精准、实时、全程陪伴的出行信息服务，有效提升绿色出行体验。

a) 混合出行方式智能规划　　b) 实时公交位置　　c) 满载率查询

图 3-19　北京 MaaS 出行服务功能（部分）

同时，北京 MaaS 实现了大型赛事期间支撑超大型城市的高效、绿色、便捷一体化出行服务（图 3-20）。2022 北京冬奥期间，高德地图上线了冬奥专用车道导航、预约停车、出行信息发布、无障碍出行服务等特色功能，服务冬奥期间赛事交通需求与社会交通需求平稳有序运行，服务冬奥交通保障的信息化、智能化体系建设。

a) 停车场导航及车位情况查询　　b) 专用车道导航提示　　c) 出行信息发布　　d) 无障碍服务信息

图 3-20　北京 MaaS 冬奥期间出行服务功能（部分）

（3）推出可持续绿色出行碳普惠活动，激励公众低碳出行，树立绿色意识。

2020 年 9 月，北京 MaaS 在高德地图等平台上线了 "MaaS 出行，绿动全城" 的碳普惠激励活动，市民注册参与活动后，乘坐公交或地铁、步行和骑车出行后，就能够自动计算相应的碳减排量。高德地图作为交易代表，将碳减排量进行汇集后通过碳交易所进行交易，并将交易所得全部转化为环保公益项目、出行券、消费券、绿色消费品等权益，为公众提供兑换（图 3-21）。如高德地图与阿里公益合作，引入了北京野鸭湖生态环境保护项目、守望家乡河认领保护等项目。同时高德地图与知名企业、商业伙伴持续上线激励权益，推出如 "绿色出行有机生活" "绿色出行兑换瑞幸咖啡" 等活动。

第三部分 实践篇

a) 北京绿色出行激励权益(高德)

b) 绿色出行有机生活

c) 公益项目：北京野鸭湖湿地保护

问题解决前

问题解决后

d) 公益项目：守望家乡河

图 3-21　北京 MaaS 绿色出行碳普惠公益及权益礼品

(4)树立绿色出行理念，深入人心。

为树立北京 MaaS 品牌，宣传绿色出行理念，北京 MaaS 各类活动借助官方、企业多维渠道，展开了广泛的宣传。北京市交通委、北京市生态环境局以及高德地图共同制作了"北京绿色出行公益宣传短片"，在北京地铁中进行播放宣传，并推出了"胡同里的浪漫""小团团"带你研究"什么是绿色星球"等绿色出行活动(图 3-22)。

a) 胡同里的浪漫　　b) "小团团"带你研究"什么是绿色星球"

图 3-22　北京 MaaS 绿色出行碳普惠宣传

3)实施效果

(1)从服务公众视角，提升出行幸福感，改善城市出行结构。一方面，公众在出行过程中，通过高德地图能够对出行状况有更精细化的感知，如车辆位置、拥挤度、无障碍设施等，消除了因信息不对称产生的出行焦虑。另一方面，良好的出行体验能够有效引导公众主动选择公共出行，减少小汽车的驾驶，进而从需求侧优化总体出行结构，缓解交通拥堵。

（2）打通超大城市交通减排可行路径。北京 MaaS 秉持提升出行体验、倡导绿色出行理念，通过政企合作公众参与，探索出一条发挥各方优势、有效提升公众参与度、可持续运营、服务交通减排、探索低碳发展创新的有效途径。截至 2023 年 3 月，北京 MaaS 用户超 3000 万，日均服务绿色出行 600 余万人次，参与绿色出行碳普惠人数突破 260 万，绿色出行碳普惠减排量 20 万余吨。

（3）政策标准融合数字技术，打通碳普惠到碳交易闭环。在北京市交通委员会、北京市生态环境局、北京交通发展研究院、北京应对气候变化管理事务中心、北京绿色交易所支持下，出台《北京市低碳出行碳减排方法学》，实现了个人绿色出行碳减排量计算有据可依，满足了碳交易对真实性、准确性、唯一性的要求，为形成可持续激励机制提供可能。截至 2023 年 3 月，北京 MaaS 实现北京市绿色出行核证碳减排量交易超过 12 万吨。

（4）鼓励市场化机制、公益活动参与，形成可持续碳普惠机制。北京 MaaS 始终营造开放共赢的发展环境，鼓励企业和市场化运营主体、公益组织参与，将碳普惠活动权益价值放大，实时激励参与公众个体，提升绿色出行碳普惠激励力度。通常，1 千克的碳减排量的市场价值大约为 5 分，但经过企业的价值放大后，用户实际上能获得 2 元左右的奖励，进一步增强了碳普惠活动的激励效果和吸引力。

4）推广建议

北京 MaaS 始终坚持以服务公众出行为本，通过政府监管、平台运营和市场交易的高效协同模式，形成多方共赢的生态合作体系，对大型城市调节交通出行结构、缓解交通拥堵，以及引导公众主动践行低碳绿色生活方式具有积极意义。截至目前，高德地图已在全国16个主要城市上线了"绿色出行"，并与多个城市建立了合作，结合地方政策与特色，相互支持与补充，最终形成完善的、具有地方特色的 MaaS 及碳普惠体系。例如，高德地图与重庆市"碳惠通"生态产品价值实现平台，采取平台深入融合的方式，为重庆市民提供出行服务与碳普惠激励，进一步提升了平台覆盖范围、服务引导和普惠激励效果。

18. 美团(电)单车全生命周期减污降碳典型做法

1) 基本情况

随着数字经济和共享经济的兴起，共享单车、共享电单车作为一种绿色环保的出行方式，有效解决了"最后一公里"出行问题，成为公共交通的重要补充。目前，包括美团在内的多家企业在中国400多城市和800多乡镇运营约1400万辆的单车和1000万辆共享电单车，日均为公众提供中短途出行近7000万次。

美团是一家科技零售公司，以"零售+科技"的战略践行"帮大家吃得更好，生活更好"的使命。旗下美团单车成立于2015年1月(前身为摩拜单车)，通过新一代物联网技术，让用户可以便捷地使用自行车和电动自行车(图3-23)出行。2017年，鉴于其在出行减碳领域的突出贡献，美团单车被联合国授予环保领域最高奖"地球卫士"。

2) 主要做法

美团单车和电单车倡导低碳出行理念，为用户提供了便捷、舒适、经济的中短途绿色出行服务，助力形成绿色低碳生活方式。同时，美团单车和电单车推动和践行全生命周期理念，在设计、采购、生产、投放、运营报废等全环节贯彻循环经济原则（Reduce 减量，Reuse 再利用，Recycle 循环再生）。

■ 美团电单车：解决3～5千米中短途出行需求

图 3-23 美团电单车

（1）减量-提升产品耐久度。

美团单车和电单车研发初期就考虑到产品的耐久性能以实现减量，如要求所有零部件满足 ISO4210 要求的疲劳测试次数的 1.1 倍；所有的塑料件都要求满足氙灯老化大于 200 小时；菜篮按照两倍的标称负载做疲劳测试等。

（2）再利用-零部件再利用方案。

美团单车和电单车自主建设了车辆的全生命周期智能管理平台，记录车辆各部件的维修记录，可追溯每一个零部件的使用寿命，并以此优化车辆的设计和生产，从而提高车辆的使用寿命，减少资源消耗和碳排放。其中，智能锁、车筐、车架、轮组等都会回收和通过检测后重新使用。

（3）再利用-回收材料的应用。

美团单车和电单车创新性地用回收塑料（包括外卖餐盒回收材质）制作车辆环保泥板、菜篮和座桶等塑料部件。一套美团单车挡泥板大概需要 70 克外卖餐盒回料。外卖餐盒经过回收、清洁、熔融造粒、改性造粒、熔炼注塑、性能检测等多个环节后，就能制成自行车挡泥板。

（4）循环再生-报废车辆的 100% 回收。

每辆美团单车和电单车均搭载"北斗+GPS"多模卫星定位芯片和物联网通信芯片，实现车辆状态的监控，并确保损坏车辆 100% 维修或回收。企业内部建立了完善的车辆管理及报废标准，并携手再生行业（如中国再生资源开发有限公司、天津新能再生资源有限公司等），为美团单车和电单车提供报废车辆的资源回收和无害化处理等服务。

（5）循环再生-部分材料的创新再利用。

美团单车和电单车创新性地将废旧车辆的轮胎回收再生，用于操场的铺设，并捐赠给乡村地区的儿童。捐赠操场的部分塑胶颗粒，来自美团单车聚氨酯回收轮胎再生材料，该材料进行了严格的检测，各项指标均符合《中小学合成材料面层运动场地》（GB 36246—2018）标准。项目为乡村儿童提供了安全舒适的标准篮球场，同时通过鼓励公众参与，提升公众低碳出行的获得感。

（6）助力形成绿色低碳生活方式-倡导绿色出行。

美团单车和电单车致力于让更多的人可以便利地享受低碳出行快乐，并减少小汽车等高碳出行方式。通过发挥互联网平台型企业的优势，在美团 App 引入骑行"减碳贡献"，引导用户通过绿色骑行积累减碳贡献，鼓励减碳量达标的用户参与骑行券兑换和参与公益活动，带动了近一亿用户参与。同时，美团积极在"世界地球日""世界环境日""节能宣传周""世界骑行日"期间举行活动,宣传低碳出行理念。2021年8月—2022年7月,美团单车和电单车累计帮助用户低碳出行84.5亿公里。

3)实施效果

自美团单车和电单车全生命周期减污降碳项目实施以来,实现了车辆全生命周期碳足迹降低、带动用户减少出行碳排放和助力乡村振兴的多重效益。

(1)在美团单车和电单车的制造和回收阶段:通过100%回收、零部件再利用、回收塑料应用等方式,使美团单车全生命周期碳足迹下降74.3%,美团电单车全生命周期碳足迹下降24.2%(图3-24)。

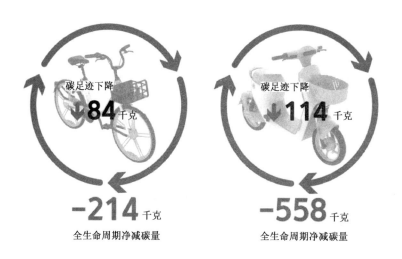

图3-24 共享电单车的减污降碳效果

数据来源:《共享骑行全生命周期减污降碳报告》——生态环境部环境发展中心

(2)在美团单车和电单车的运营阶段:过去一年,美团单车和电单车带动近一亿用户采用美团单车和电单车这种低碳出行方式,向用户宣传绿色低碳生活理念。美团单车和电单车在整个生命周期可以减少碳排放量,共享电单车的减污降碳效应较共享单车更强。

(3)在美团单车和电单车的再利用阶段:以"乡村儿童操场"为载体,美团单车和电单车累计向乡村地区捐建操场23块,回收利用轮胎超过5万条,面积超过11000平方米,惠及6000多乡村儿童。

4)推广建议

共享骑行(包括共享单车和共享电单车)作为城市交通系统中重要的出行方式,深刻地改变整体交通结构,提升了整体的绿色出行比例。在国家"减污降碳"的背景下,共享单车及电单车出行天然所具有的显著减污降碳效果,对推动我国交通领域绿色转型有着非常积极的作用。建议在鼓励发展共享单车的基础上,鼓励和规范共享电单车行业发展,充分发挥两种出行方式在减污降碳和双碳领域的贡献。

19. 人民出行5G智能公共电动自行车应用实践

1)基本情况

党的二十大报告中指出"积极稳妥推进碳达峰碳中和,立足我国能源资源禀赋,坚持先立后破,有计划分步骤实施碳达峰行动,深入推进能源革命,加强煤炭清洁高效利用,加快规划建设新型能源体系,积极参与应对气候变化全球治理。"为更加清楚地理解并认识中国碳达峰、碳中和工作,立足现实,采取积极稳妥的工作措施指明了方向。

交通出行是我国碳排放的重点领域之一。目前交通运输排放占我国碳排放总量约10.4%，特别是公路运输，占全国交通运输碳排放总量85%以上，是交通碳排放主体和减排重点。据有关数据显示，全国每日道路交通出行需求接近28亿次，其中两轮出行占总体出行需求的35%，达到10亿次以上，共享电单车作为慢行交通的重要组成部分，替代了约31%的以小汽车和摩托车为主的高碳出行需求。符合未来低碳出行的发展趋势。

人民出行智能公共电动自行车项目于2019年5月正式上线运营，以5G智能慢行交通大数据平台为基础，专注于慢行智慧交通体系化建设（图3-25）。是数据助力、科技助力各地方政府重塑电动自行车和公共电动自行车产业的示范工程。目前公司已形成了围绕大数据发展的闭环，并取得了一定的产业优势。

图3-25　人民出行5G智能公共电动自行车

2）主要做法

（1）以人为本，注重社会责任。

人民出行严格遵照政府核准数量投放运营，对每一辆运营车辆上牌登记，入网管理，并为每一辆运营车辆购买骑行保险（表3-1和表3-2）。

第三者责任险 表 3-1

险　别	公众责任险
被保险人	
地址	(详见清单)从车辆承租至租赁结束为止的行驶路线
行业性质	
保险期限	一年
赔偿限额	累计事故赔偿限额：20.5 万元； 免赔额： ①意外伤残/身故限额：20 万元； ②三者医疗：5000 元； ③每次事故免赔 300 元或损失金额的 20%，两者取最高；超过免赔金额，按社保范围内的 80% 赔付
地域范围	中华人民共和国境内
司法管辖	中华人民共和国司法管辖

驾驶人责任险 表 3-2

险　别	驾驶人责任险
被保险人	
地址	
行业性质	
保险期限	车辆租赁期间
保险利益	保险期间内被保险人遭受意外伤害，并因该意外伤害导致其身故、残疾的，保险人依照下列约定给付保险金，且给付各项保险金之和不超过保险金额

续上表

险　别	驾驶人责任险
赔偿限额	累计事故赔偿限额：53万元； 意外伤残/身故限额：50万元； 意外医疗限额：3万元； 每次事故免赔200元，超过200元后，按社保范围内的90%赔付
地域范围	中华人民共和国境内
司法管辖	中华人民共和国司法管辖

（2）强化运营车辆核心技术创新，助力城市精细化管理（图3-26）。

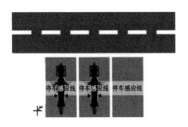

图3-26　人民出行终端与管理解决方案

人民出行已经形成完整且成熟的终端与管理解决方案,所有运营车辆根据人体力学原理由专家小组研发,并由电动自行车生产龙头企业定制生产,车辆均通过了电动自行车新国家标准,并获得3C认证。人民出行运营车辆9项前沿科技引领行业规范发展包括:

AI摄像头技术、电子围栏技术规范市民交通参与行为;

北斗与GPS双定位可实时反馈车辆动、静态信息;

北斗精准+RFID技术确保用户90°精准定向有序停车;

智能头盔系统,用户不解锁佩戴头盔,车辆不可行驶,守护用户骑行安全;

智能重力检测系统,避免用户违规载人骑行,引导市民增强守法意识;

实名认证程序,避免16周岁以下用户注册使用车辆;

逆行监测技术,引导提醒用户不逆向行驶,规范交通参与行为;

智能语音系统,及时纠正引导和规范公众文明行为;

预留5G通信端口,便于延展性视频数据传输,便于车辆运营数据共享、共治。

(3)做好线下运维管理,解决城市治理难题,助力城市双创。

人民出行在城市实际运营中着力规范投放,投放所有车辆均符合《电动自行车安全技术规范》(GB 17761—2018)(以下简称"电动自行车新国标");保持车辆整洁,确保完好率>95%;准确及时调度;做好无单车辆管理;及时解决网点车辆堆积;结合平台车辆预警建立24小时响应机制;车辆停放管理标准化;强化城市重点片区、路段运维管理；专人定时网格化巡检等方面做好线下运维管理(图3-27)。

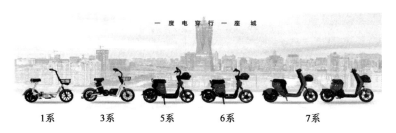

图3-27 人民出行电动自行车新国标智能公共电动自行车

3)实施效果

(1)2021年度节能减碳约9.5万吨。

人民出行目前已在天津、重庆、南宁、石家庄、成都、岳阳、汕头、赣州、贺州、来宾等百余座城市发展了智能公共电动自行车项目，依托电动自行车新国标，将电动自行车出行方式与5G智能技术相结合，提供符合电动自行车新国标的智能公共电动自行车，为居民提供安全便利的交通服务。2021年度，人民出行累计为近千万位用户提供了骑行服务，累计骑行总数超过6500万次，累计骑行总里程近1.5亿公里，累计骑行总时长接近10亿分钟，减少碳排放约9.5万吨(图3-28)。

(2)秉持"出行即服务"理念，惠民、便民改善城市出行结构，提升城市绿色出行占比。

市民通过骑行人民出行共享电单车，行驶里程实时换算减排的碳排放量，政府部门可根据市民出行减排的碳排放量数据结合国家双碳政策，制定相应的公益项目计划和奖励措施，并加强宣传引导，改善城市出行结构，促进居民积极参与绿色出行、低碳出行，助力提升城市绿色出行占比。

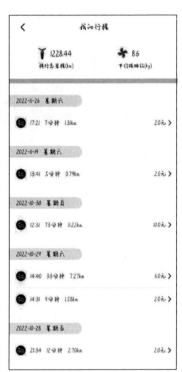

图 3-28 人民出行 App

（3）加速超标电动车淘汰。

电动自行车新国标在 2019 年实施之后，各地政府对超标电动自行车分别设置了 3 年左右的过渡期。过渡期满这些超标车辆将不能上路行驶。但根据实际情况，2023 年仍有陕西、湖北、天津、河南、广西等省（区、市）仍旧延长超标电动车的上路期限。人民出行共享电单车的加速发展，将满足市民更多中短途出行需求，其对比私家电动车免维护、免充电的优势，可以一定程度替代私家电动车的存在，从而更加加速超标电动车的淘汰。

（4）规范停放（图3-29）。

图3-29　人民出行车辆有序停放实景图

人民出行有健全的用户信用体系和违停处罚规章制度，要求用户将车辆停放在不阻碍交通的公共区域，对于违停行为将处以扣除信用积分的惩罚。

处罚不是目的，有效地防止违停行为发生才是规范停车的初衷。要求定点公共停车区域停车旨在响应政府机构、社区的共享车辆相关管理要求，打造美好共享骑行环境，提升用户体验。

为了方便每一位出行人员，打造方便安全的出行体验，人民出行配备了专业的运营团队，通过技术手段限制停车区域。同时，每个城市都有专门的风险控制人员通过GPS定位，随时关注车辆停放情况，及时处理违停车辆。此外，人民出行还会通过智能出行骑士群，组织用户志愿者，监督和举报身边的违停行为，本着"随时举报，及时处理"的原则，最大限度地防止违停行为的发生，助力城市智能慢行交通体系的建立。

(5) 数据共享，助力提升城市慢行交通数字化管理能力，为城市低碳绿色出行搭建数据采集平台(图 3-30)。

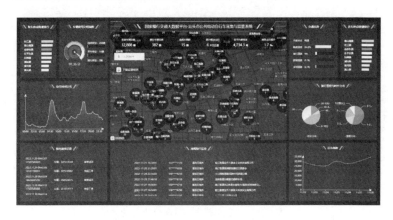

图 3-30　人民出行慢行交通大数据采集与监管系统

人民出行已经成为 5G 共享交通新基建内循环运营商，慢行大数据数字经济解决方案提供商，相继开通和运营：南宁市慢行交通大数据采集与监管系统、成都市慢行交通大数据采集与监管系统、汕尾市慢行交通大数据采集与监管系统、长三角慢行交通大数据监测与管理平台、河北省慢行交通大数据监测与管理平台等，是将新一代的信息技术广泛应用于政府管理、社会服务、城市运行等管理领域的具体体现，助力城市文明建设，一张网、一幅图完成多维度、全场景呈现，实现精细化、智能化、可视化、可量化、可预警、动态可控的运行管理，是助力城市慢行交通体系化、智能化发展、促进民生幸福的有力支撑，践行了低碳慢行交通本身蕴含的公平和谐、以人为本的可持续发展理念。

4) 推广建议

人民出行致力于提供让用户有幸福感、安全感的产品和服务,打造科技、绿色低碳出行的生活方式,用科技助力出行结构变革,人民出行全系车辆采用48伏锂电池,满电状态续航可达80~100千米,真正实现"一度电穿行一座城"。人民出行已经成为绿色出行生活方式的忠实实践者,围绕节能减排、绿色交通、新能源出行生态等目标作出多样化的战略和行动部署,始终坚守社会绿色责任,落实绿色可持续发展的企业战略,推进低碳技术、低碳材料和低碳产品的可循环发展体系的构建,引导更多用户切实参与到绿色低碳行动中,进一步为城市"绿色低碳"目标做出应有的贡献。

参考文献

[1] 陈迎,等. 碳达峰、碳中和100问[M]. 北京：人民日报出版社,2021.

[2] 交通运输部科学研究院. 交通运输碳达峰、碳中和知识解读[M]. 北京：人民交通出版社股份有限公司,2021.

[3] 交通运输部公路局,交通运输部规划研究院. 绿色公路建设技术指南[M]. 北京：人民交通出版社股份有限公司,2019.

[4] 黄山倩,黄学文,高硕晗,等. 基于LCA的高速公路建设全过程碳排放核算[J]. 交通运输研究,2022,8(6)：72-80.

[5] 高军. 上海至武汉高速无为至岳西段绿色公路总体设计[J]. 工程与建设,2018,32(3)：346-348.

[6] 黄学文. 从全寿命周期角度看绿色公路[J]. 中国公路,2018,(10)：30-33.

[7] 刘承智,潘爱玲,谢涤宇. 我国完善企业碳排放核算体系的政策建议[J]. 经济纵横,2014(11)：42-45.

[8] 黄建,李晓明,祝君良. 行业温室气体排放核算体系——以美国电力为例[J]. 上海节能,2013(05)：37-42.

[9] 谢兰星. 跨境电商视角下的智慧物流变革及走向——以京东和菜鸟物流为例[J]. 武汉商学院学报,2022(05)：58-63.

[10] 汪洋,陈运军,卢正才,等. "双碳"目标背景下数智化技术赋能菜鸟全链路绿色物流应用研究[J]. 物流科技,

2022(14)：52-55.

[11] 胡媛媛. 智慧物流末端配送发展前景探析[J]. 中国物流与采购, 2022(13)：23-26.

[12] 王喜富, 刘全明, 等. 城市绿色智慧物流[M]. 北京：电子工业, 2018.

[13] 太原市城市规划设计研究院, 亚州清洁空气中心, 等. 太原经验：全球首个出租车完全电动化的城市[R]. 太源：太原太原市城市规划设计研究院, 亚州清洁空气中心, 2017.

[14] 陈书雪, 曹子龙, 张毅, 等. 绿色高速公路施工期能耗统计监测技术及实证研究[J]. 公路, 2017, 62(09)：211-215.

[15] 李慧, 彭夏清, 张静晓. 公路生命周期碳排放评估及其敏感性分析[J]. 公路工程, 2021, 46(2)：132-138.

[16] Raja Chowdhury, Defne Apul, Tim Fry. A Life Cycle Based Environmental Impacts Assessment of Construction Materials Used in Road Construction[J]. Resources, Conservation and Recycling, 2010, 54(4)：250-255.

[17] 蔺瑞玉. 沥青路面建设过程温室气体排放评价体系研究[D]. 长安：长安大学, 2014.

[18] 李慧, 彭夏清, 张静晓. 公路生命周期碳排放评估及其敏感性分析[J]. 公路工程, 2021, 46(2)：132-138.

[19] 中华人民共和国国家质量监督检验检疫总局. 工业企业温室气体排放核算和报告通则：GB/T 32150—2015[S]. 北京：中国标准出版社, 2015.

[20] 中华人民共和国住房和城乡建设部.建筑碳排放计算标准：GB/T 51366—2019［S］.北京：中国建筑工业出版社，2019.

[21] 佟禹，郭朝阳，李振，等.一种常温沥青及沥青混合料性能研究［J］.中外公路，2018，38(1)：302-305.

[22] Rubio M C, Martínez G, Baena L, et al. Warm Mix Asphalt：An Overview［J］. Journal of Cleaner Production, 2012, 24：7678.

[23] 郭朝阳，陈景，吴学敏，等.常温改性沥青筑路技术的工程应用［C］//2014年全国公路养护技术学术年会论文集（报告篇）.北京：人民交通出版社股份有限公司，2014：39-45.

[24] VS Punith. F Xiao, D Wingard. Performance Characteriza-tion of Half Warm Mix Asphalt Using Foaming Technology［J］. Journal of Materials in Civil Engineering, 2013(3)：382-392.

[25] 交通运输部科学研究院.道路用新型常温沥青改性剂及工程应用技术研究［R］.北京：交通运输部科学研究院，2014.